为孩子解读《古文观止》

【宋明风度】

刘准　王丹霞　编著

人民文学出版社

图书在版编目（CIP）数据

为孩子解读《古文观止》. 宋明风度 / 刘准，王丹霞编著. -- 北京：天天出版社，2025.6. -- ISBN 978-7-5016-2535-2

Ⅰ．H194.1-49

中国国家版本馆 CIP 数据核字第 2025X62D76 号

责任编辑：刘　馨　　　　　　　美术编辑：曲　蒙
责任印制：康远超　张　璞

出版发行：天天出版社有限责任公司
地　　址：北京市东城区东中街 42 号　　邮编：100027
市 场 部：010-64169002

印　　刷：河北新华第一印刷有限责任公司　经销：全国新华书店等
开　　本：710×1000　1/16　　　　　　　印张：12
版　　次：2025 年 6 月北京第 1 版　　　　印次：2025 年 6 月第 1 次印刷
字　　数：152 千字

书　　号：978-7-5016-2535-2　　　　　　定价：33.00 元

版权所有·侵权必究
如有印装质量问题，请与本社市场部联系调换。

目 录

导　读　了解《古文观止》……………………………………… 1

李格非
书《洛阳名园记》后……………………………………… 11

范仲淹
严先生祠堂记……………………………………………… 17
岳阳楼记…………………………………………………… 23

欧阳修
新五代史·伶官传序……………………………………… 32
醉翁亭记…………………………………………………… 39

苏　轼
超然台记…………………………………………………… 48
石钟山记…………………………………………………… 56
前赤壁赋…………………………………………………… 63
后赤壁赋…………………………………………………… 73
专题：苏轼的赤壁情结…………………………………… 80

苏　辙
六国论……………………………………………………… 83
黄州快哉亭记……………………………………………… 91

王安石

读孟尝君传·····100

游褒（bāo）禅（chán）山记·····105

专题：写景记事散文中的情与理·····114

宋　濂

阅江楼记·····117

刘　基

卖柑者言·····127

宗　臣

报刘一丈书·····136

归有光

沧浪亭记·····146

专题：知识分子的进与退·····155

王世贞

蔺相如完璧归赵论·····159

专题：以史为鉴可以明得失·····168

袁宏道

徐文长传·····171

张　溥

五人墓碑记·····180

· 导　读 ·

了解《古文观止》

学习文言文,《古文观止》是绕不开的一本书。鲁迅先生曾将其与负有"《文选》烂,秀才半"[①]盛名的《昭明文选》相提并论,他认为二者在文学史上的影响一样不可轻视。那么,《古文观止》是一本怎样的书呢?它的影响为何如此深远?我们又该如何学习此书,并借此提升文言文的阅读能力呢?

一、《古文观止》的作品概况

"观止"一词出自《左传·季札观周乐》一文,吴公子季札出使鲁国,鲁国人为他表演周王室的乐舞,他赞叹道:"观止矣,若有他乐,吾不敢请已。"意思是观赏到此为止,再也没有比它更好的乐舞了,如果有其他的乐舞,我也不敢请求了。"观止"是季札对所观赏乐舞的最高评价,而"古文观止"意即最优秀的文言文选本。

《古文观止》的编者是清代康熙年间的吴楚材、吴调侯叔侄二人,他们是浙江山阴(今绍兴)人,乡村私塾先生,此书最初是作为城郭乡野从事举业之人的参考书。该书选取了从春秋战国到明代末年三千多年间的散文名作222篇,基本反映了中国古代散文发展的特点,展现了中国古代散文取

[①]宋代俗语,意思是熟读了《昭明文选》,就可以成为半个秀才。

得的巨大成就。

二、《古文观止》的阅读价值

中国古代散文选本的历史相当悠久，现存最早的是南朝梁萧统主持编撰的《昭明文选》，之后还有宋代的《文苑英华》等。到了清代，各类文选层出不穷，影响最大的有姚鼐主编的《古文辞类纂》等。而在现代影响最大、知名度最高的，当数《古文观止》。与其他选本相比，它流行的原因是什么？综合学者们的研究，其主要价值体现在如下几个方面。

1.眼光独到，选文精当。吴楚材、吴调侯在选编时高度关注选文的艺术性，因此先秦散文并未收录佶屈难懂的《尚书》和诸子散文，而是选取了《左传》《国语》《战国策》中的一些文质兼美的名篇。再如唐宋散文以"唐宋八大家"为主，选取了他们的作品多达78篇。整本书关注了不同风格作家的作品，可谓包罗万象。

2.按时间排列，以文显史。它不像一般的散文选本以文体类型进行分类，而是按照时间线索进行排列。这样的好处就在于，同一作家、同一时代的作品能集中呈现，读者能在阅读的过程中一窥散文发展的脉络。

3.收录骈文、经史精华，兼收并蓄。一般的散文选本都对骈文和散文进行严格区分，《古文观止》也选取了一些优秀的骈文，如王勃的《滕王阁序》、刘禹锡的《陋室铭》等。同时，它还突破了此前散文选本不收经史的传统，收录了《礼记》《左传》《史记》等中的一些文章。

4.对选文加以评注，启人思考。《古文观止》的编者还对所选篇目进行了一些精辟的评注，对作品的艺术特色进行了点评，给予了读者很多启发与思考。

对于学习文言文的人来说，《古文观止》是一本名篇荟萃的散文选本，雅俗共赏，值得反复阅读，细细涵泳。

三、《古文观止》的阅读方法

面对如此多的文言文，有些同学可能会觉得学习难度比较大，不知道该如何读完全书。编者结合自己多年学习文言文的经验，梳理出如下一些阅读路径，供同学们参考。

（一）了解本书的整体结构

首先，不妨先读一读前言和目录，从中大致了解书籍的大致框架。如《古文观止》中的文言文虽然很多，但根据目录可知，它按照朝代选取了从先秦到明代的诸家散文。每个朝代的散文特征不同，阅读者可以按照朝代从古至今阅读，也可以根据自己的兴趣先选取某个朝代的散文阅读，读完全书以后，再将各个朝代的散文进行内容、艺术特征等方面的纵向比较，形成对古代散文发展脉络较为清晰的认识。

（二）由易入难，不断攀登

为了树立阅读信心，不妨先从相对简单、容易阅读的文章开始，再读篇幅更长、更深奥的文本。如同为西汉文章，可以先读《史记》中叙事性较强的文本，后读贾谊的政论性文章《过秦论》等。读《史记》时，可以先读篇幅较短的《孔子世家赞》等赞文，再读篇幅长的《屈原列传》《太史公自序》等。

（三）积累常见的文言现象

（一）和（二）解决了阅读上手困难的问题，那么，在阅读每一篇文本的过程中，又应该注意什么呢？如果想要学好一篇文言文，需要解决两个层面的问题。一是文言层面的问题，应该疏通句意，掌握一些文言表达规律，进而举一反三，切实提高文言文阅读能力；二是文本解读层面的问题，阅读时应深入挖掘文本的意蕴，并在不同的文本之间找到表达、思想等方面的规律，建立不同文本之间的联结，形成相关阅读经验，以更好地阅读其他文言文。下面，先来看看文言层面需要注意什么。

1. 了解汉字来源

一篇经典在选词上往往非常讲究，如《曹刿论战》"齐师伐我"用"伐"，《宫之奇谏假道》中"遂袭虞"中用"袭"，"伐"与"袭"同为攻打之意，为何两篇文章选用了不同的词呢？因为"袭"是秘密进攻，"伐"是公开宣战，齐国伐鲁国是正面交战，而晋国攻击虞国则是偷袭，用"袭"表现出作者对这场战争正义性的怀疑。一字寓褒贬，一字含态度，对字义的解读便显得极为重要了。

有些近义词的区别还需追溯到它们的造字之初，追寻它们的本义，根据汉字的字理来精准理解文中之意，这就需要借助相应的工具书，如东汉许慎编写的《说文解字》等。

2. 识记文化知识

文言文毕竟与现代有时间距离，有一些文化知识现在很少使用了，这就需要阅读者对其进行积累，这样，再读到其他文言文时，才能迅速地进行辨析、理解。如"壬戌之秋，七月既望，苏子与客泛舟游于赤壁之下"（苏轼《赤壁赋》）中的"望"就是"农历每月的十五"，"既望"即为"十六"。

3. 积累常见实词

实词指的是有实际意义的词语，关于它的外延，学术界有不同的看法，相关的争议，这里不进行讨论。不存在争议且文言文时常涉及的实词包括名词、动词、形容词、代词等。名词是人、事、物、地点等的统一称呼，如老师、会议、商品、天坛等。动词是表示动作或状态的词语，如敲击、喜欢等。形容词主要用来描写或修饰名词、代词，如漂亮、昂贵等，形容词与名词组合的词组如漂亮的衣服、昂贵的商品等。代词是用来指代名词或一句话，现代汉语中的代词一般有指示代词这、那、这个、那个、这边、那边等，人称代词我、你、他、我们、你们、他们等。文言文中的常见代词有此、斯、彼、其、厥等，此、斯的常见意思是这，彼的常见意思是那、那个，其既可以充当第三人称代词，翻译为他、它、他们等，也可以是第一人称代词，翻译为我、我们等，厥的常见义项为他、他们。

学英语时，需要识记一些高频单词，学文言文也是如此。只有不断积累常见实词，脑中形成了相关实词词库，在阅读陌生文言文时，才能迅速反应出它们的意思，读懂文本。因此，编者在对每篇文本进行讲解时，会对文本中的一些重要实词进行相应的解释。但限于篇幅，精讲的词语有限，为了方便阅读者理解词义，编者在翻译全文时，尽量保证直译，即一字一句对应翻译，只有无法直译时，才会意译。因此，读者可以在将原文与翻译进行对照的过程中，仔细辨析词语的意思，并对其进行积累。

4.掌握虚词用法

虚词是与实词相对的词语，它没有实际的语义，但在句法表达上有语法意义。在它的边界与外延问题上，学术界历来也有争议，这里我们同样不谈论相关的争议。在文言文学习中，需要理解如下几类虚词：介词、连词、助词。

介词后面一般接名词、代词或相当于名词的其他词语、短语等做它的宾语，表示处所、时间、状态、方式、原因、目的、比较对象等，如"从现在开始"中的"从"，"按基本原则"中的"按"，"在家学习"中的"在"等。

连词用来连接词与词、词组与词组或句子与句子，可以表示并列、转折、假设、选择、递进、条件、因果等逻辑关系，现代汉语中常见的连词有表示并列关系的"和、跟、同"等，表示承接关系的"则、乃、就"等，表示转折关系的"却、但是"等，表示因果关系的"所以、因此"……这里就不一一列举了，在文言文中最常见的连词是"而"，它既可以表示并列关系，又可以表示承接关系，还可以表示递进关系、修饰关系、因果关系等。

助词附着在其他词语、词组或句子上，作为辅助之用，如现代汉语中的语气助词"呢、吗、啊"等，文言文中常见的语气助词是"焉、矣、也、欤"等。再如现代汉语中结构助词"的"常用于两个名词之间，构成"我的书""你的包"等短语，在文言文中对应的助词是"之"。

中高考中最常考的虚词有18个：而、何、乎、乃、其、且、若、所、为、焉、也、以、因、于、与、则、者、之。

编者比照18个常见虚词的用法，在编写本书的过程中，每篇文本中都对一个重点虚词进行了讲解，以方便阅读者进行积累。

5.理解文言句式

文言文中的某些句子与现代汉语的语序并不完全相同。在阅读时，需要对这些特殊句式的类型有一些基本了解。

需要厘清的一个认知是，特殊句式只是为了阅读与理解的需要，按照现代汉语的语言表达习惯，对文言文的某些句子类型进行的界定。中学阶段，需重点关注的特殊句式是判断句、省略句、倒装句和被动句。

判断句就是整个句子需要翻译为"……是……"的句子，在文言文中的常见标志词有"……者，……也""……，……者也""……，……也"等，如：吾妻之美我者，私我也。（我的妻子认为我美，是偏爱我。）（《邹忌讽齐王纳谏》）

省略句在文言文中非常常见，通常包括主语省略句、谓语省略句、宾语省略句等，如：**许君焦、瑕，朝济而夕设版焉。**（曾答应把焦、瑕两地送给秦国。然而，他早上渡河归国，晚上就修筑防御工事。）(《烛之武退秦师》）中，在"许君焦、瑕"之前省略了主语晋惠公。

现代汉语的被动标记是"被"，但在文言文中，"被"的本义是覆盖，它表被动是唐宋时期才产生的用法。文言文中最常见表被动的有"为""为……所……""……为所……""见""见……于……"等，如：**为天下笑者，何也？**（被天下人嘲笑，是为什么呢？）（贾谊《过秦论》）

倒装句则比较复杂，中学阶段最常见的倒装句包括：状语后置句（也称为介宾短语后置句）、宾语前置句和定语后置句。要弄清这几种句式，需要先弄清状语、宾语和定语这几个概念。状语是用来修饰谓语的，表示谓语发生的时间、地点、方式、程度、条件、范围等，如在"她十分喜欢现在的班级"这个句子中，"喜欢"是谓语动词，"十分"就是用来修饰谓语的状语，表示谓语的程度。宾语就是句子中承受主语的动作者，如在"她敲门"这个句子中，"她"是主语，"敲"是谓语，"门"是主语"她"的动作承受者，是宾语。而定语则是句子中用于修饰主语和宾语的成分。由此可知，现代汉语中，宾语应该处于谓语之后，状语应该位于谓语之前，而定语应该在主语和宾语之前。但是在文言文中，有时状语在谓语之后，这就是状语后置句，如：**青，取之于蓝，而青于蓝。**（靛青，是从蓝草里提取的，然而却比蓝草的颜色更青。）(《劝学》）"取之于蓝"是"于蓝取之"，"青于蓝"就是"于蓝青"，状语"于蓝"放在了谓语"取""青"的后面。宾语置于谓语之前就是宾语前置句，如：**不患人之不己知。**（不担心别人不知道我。）(《论语·学而》）这个句子中"己"原本应放在谓语"知"之后。定语置于主语或宾语之后，就是定语后置句，如：**客有吹洞箫者。**（有一个吹洞箫的客人。)(《赤壁赋》)"吹洞箫"是修饰"客"的定语,却放在了"客"之后。

在每篇文章的精讲过程中,编者也对一些重要的句式进行了讲解。

(四)深入挖掘作品的意蕴

《古文观止》中的文言文都是古代散文中的经典,这些经典或是在思想、文化等方面具有深厚的意蕴,或是在文学创作上具有高超的艺术价值,这些作品大多文质兼美。因此,在学习这些经典时,需要深入挖掘作品的价值,编者通过"创作背景"与"文本解读""专题链接"三个部分对此进行了一些呈现。

(五)建立不同文本的联结

对单一文本进行深入解读后,还需要思考不同文本之间有没有内在关联,它们在主题上是否有相似性,在艺术手法上是否有相似性等。如可以将《兰亭集序》《赤壁赋》放在一起思考,写景抒情的散文具有哪些相似性?它们是如何通过景物描写来表达作者情感的呢?还可以将《邹忌讽齐王纳谏》《烛之武退秦师》《谏逐客书》等文本放在一起,思考劝说的艺术。建立起作品之间的关联,能帮助阅读者构建相似文本的阅读经验,提高阅读者的文本解读能力。

四、《古文观止》的推荐版本

《古文观止》有多种版本,本书中的作品原文参照的是人民文学出版社"语文阅读推荐丛书"《古文观止》(2018年)和中华书局"中华经典藏书"《古文观止》(2016年)。

本书编者不揣浅陋,追求远大,希望通过精讲《古文观止》,实现以下两个目标：一是在解读文本的过程中，增加阅读者的历史知识，涵养阅读者的性灵，丰盈阅读者的精神；二是帮助阅读者积累一些重要的文言现象，提高文言文阅读能力。同时，考虑到阅读者大部分为小学生以及初中生，而有些文本的阅读难度较大，编者在作品原文后均附上了全文翻译。每篇文章包括"创作背景""作品原文""文言积累""文本解读""全文翻译"几个板块的内容，部分文章还有"专题链接"，每篇的内容会较一般《古文观止》版本丰富。限于整体篇幅，编者在人民文学出版社《古文观止》88篇的基础上又进行了筛选，最终筛选出57篇文章。筛选基于以下几个原则：文本的影响力，文本的难度（读者的接受度）以及初高中教材文言选编情况。相对于现代文而言，文言文具有浓缩、简明的特点，因此，编者在选编时，尽量保证了作品原文的完整度，尤其是初高中教材涉及的篇目，编者尽量呈现了它的原文。有些文本因为篇幅太长，编者节选了作品中最精彩的部分进行呈现。

由于编者才学有限，在选编、节录的过程中，难免存在疏漏之处。读者如果想在精读本套书的同时，对照阅读篇幅更加完整的《古文观止》，编者推荐如下两个版本：中华书局的全本《古文观止》（2016年）、人民文学出版社"语文阅读推荐丛书"《古文观止》（2018年）。两个版本各有千秋，前者注释、题解全面，222篇文言文无一遗漏；而后者针对中小学生的阅读实际，精选了88篇文本。

李格非

　　李格非（约1048—约1108），北宋文学家，著名女词人李清照的父亲，字文叔，济南人。于神宗熙宁九年（1076）中进士，曾任礼部员外郎、提点京东路刑狱等职，徽宗即位后被定为"元祐党人"而罢官。李格非在北宋中后期的文坛名气较大，著有散文集《洛阳名园记》等。

书《洛阳名园记》后

创作背景

洛阳曾为隋唐旧都,是当时世界上知名的大都会。北宋时期,洛阳被称为西京,很多公卿贵戚纷纷于此筑园,一时间,天下名园荟萃。李格非走访了当时极富盛名的19所名园后,写下散文集《洛阳名园记》,对所记园林的整体布局、园林景观等都有较翔实的描写,成为后世研究北宋私家园林的重要文献。李格非为什么要记这些名园呢?难道只是想让他人了解这些名园的面貌吗?让我们细细品读《洛阳名园记》的这篇"书后",解读作者的创作动机吧。

作品原文

洛阳处天下之中,挟崤(xiáo)、渑(miǎn)之阻,当秦、陇之襟喉,而赵、魏之走集,盖四方必争之地也。天下当无事则已;有事,则洛阳先受兵。予故尝曰:"洛阳之盛衰,天下治乱之候也。"

唐贞观、开元之间,公卿贵戚开

全文翻译

洛阳地处天下的中央,拥有崤山、渑隘的险阻,正处于秦川、陇地的咽喉要害之地,又是赵、魏的交通要冲,是四方诸侯必争之地。如果天下太平无事也就罢了;如果有战事,那么洛阳总是首先遭受战争。我因此曾说过:"洛阳的盛衰,是天下太平或者动乱的征兆。"

唐朝贞观、开元年间,公卿贵族、皇亲国戚在东都洛阳馆列第于东都者，号千有余邸。及其乱离，继以五季之酷，其池塘竹树，兵车蹂躏（róu cù），废而为丘墟。高亭大榭，烟火焚燎，化而为灰烬，与唐共灭而俱亡者，无余处矣。予故尝曰："园囿之兴废，洛阳盛衰之候也。"

且天下之治乱，候于洛阳之盛衰而知；洛阳之盛衰，候于园囿之兴废而得；则《名园记》之作，予岂徒然哉？

呜呼！公卿大夫方进于朝，放乎一己之私，自为之而忘天下之治忽，欲退享此，得乎？唐之末路是已。

营建的公馆府邸，号称有一千多座。等到后来遭受动乱而流离失所，接着是五代的惨重的兵祸，那些池塘、竹林、树木，被兵车践踏，荒废成为丘墟。高大的亭阁楼台，被烟火焚燎，化成灰烬，都与唐朝一起灭亡，没有剩余了。我因此曾说："馆第园林的兴废，就是洛阳盛衰的征兆。"

况且天下的治乱，观察洛阳的兴衰就可以得知；洛阳的兴衰，观察馆第园林的兴废可以得知，那么，我写作《洛阳名园记》，我难道是白白地写作此文吗？

唉！公卿大夫们现在被朝廷提拔任用，放纵一己的私欲，随心所欲，却忘记了天下的治理，想退隐以后再享受这种园林之乐，能办得到吗？唐朝的末路就是这样啊！

文言积累

汉字小课堂

洛阳之盛衰，天下治乱之候也
且天下之治乱，候于洛阳之盛衰而知

《说文·人部》："候，伺望也。"本义是守望、放哨。后引申为探望,即发展了守望中瞭望的意思,后又引申为侦察、观测等意思。而观测的结果,往往可以发现一些征兆,引申为征候,如"觉有八征,梦有六候"。(《列子·周穆王》)在"洛阳之盛衰,天下治乱之候也"中的"候"即为征兆,"候于洛阳之盛衰而知"中的"候"是观测、观察。

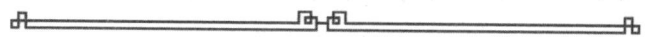

【实词加油站】

洛阳处天下之中,挟崤、黾之阻

"挟"的本义是夹持,即夹在腋下或指间,后来引申出较为抽象的意义挟持。而在"挟崤、黾之阻"的语境中,"挟"可以理解为夹持或是依靠之义。"挟崤、黾之阻"整句话的意思就是依靠崤山、黾隘的险阻。"挟"做依靠讲,在古文中较为常见,如常说曹操"挟天子以令诸侯"中的"挟"即为此义。

兵车蹂躏

"蹂"的本义是踩、践踏,现代汉语这个字最常见的词语是"蹂躏"。"躏"在《说文解字》中的解释是"蹍也",也是踏、踩之义。因此,"蹂躏"这一词在"兵车蹂躏"的语境中可以翻译为蹂躏、践踏。从这一词语可以想见当时园林遭受战火时残败的惨状。

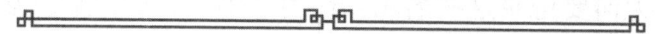

【虚词积累库】

放乎一己之私

"乎"在文言文中也是一个常见虚词，它最常见的用法有三种。可以放在句末，做语气助词，根据句子的语气翻译为"呢""吧""吗"等，如"王侯将相宁有种乎"（《陈涉世家》）中的"乎"翻译为"吗"；也可以放在形容词之后，做形容词词尾，翻译为"……的样子"，如"郁郁乎文哉"（《论语》）；还可以放在句子中做介词，引出对象，如本句"放乎一己之私"的"乎"即是此种用法。

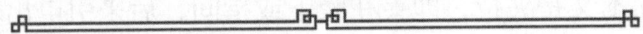

【句式精讲堂】

洛阳之盛衰，天下治乱之候也。
园囿之兴废，洛阳盛衰之候也。

这两句话都是典型的判断句，句子末尾的"也"通常被看作判断句的标志。两句话分别翻译为"洛阳的盛衰，是天下太平或者动乱的征兆"；"馆第园林的兴废，就是洛阳盛衰的征兆"。

『文本解读』

李格非为何要记录这些名园？这篇"书后"的最后一段卒章显志，给出了答案。北宋中后期，公卿士大夫刚入朝廷为官，便不再想着如何治理百姓、让天下太平，而是思索着如何建造名园，在园中享乐，没有丝毫居安思危以及兼济天下的责任心。社会风气如此，长此以往，北宋也会像唐朝一样走向覆灭。可以说，李格非有非常敏锐的政治眼光以及高度的社会责任感，他看出了日益衰微的国势，并对此有清醒的认知与深深的忧虑。

本文的论证层次非常清晰，起笔大气不凡。先写洛阳的地理位置，突出它是四方必争之地，最终要得出的结论是洛阳的兴衰是天下治乱的标志。既然洛阳如此重要，那洛阳的兴衰从何可观测出来呢？作者接着写道，唐朝贞观、开元盛世时，公卿贵戚纷纷在洛阳兴建庭院，数量多达一千余座，蔚为壮观。然而随着唐朝的覆灭，再继之以五代之乱，园林中的池塘、竹林、树木、高台亭榭等无一处不被焚灭殆尽。因此，作者认为园林的兴衰是洛阳兴衰的标志。含而未露的是，唐朝政治衰微的原因，是官员不思进取、贪图享乐。宋朝的官员若也似唐朝那般，沉溺于修建宅邸、布置园林，不为国做长久的打算，最终亦会像唐朝一样，走向灭亡。

本文短小精悍，给了阅读者很多启示。一己之私欲与国家的政治前途相比，究竟哪个更重要？有了国才能有家，人人有承担国家建设的使命感，国家才能有希望。

范仲淹

范仲淹(989-1052),字希文,苏州吴县(今江苏苏州)人。北宋著名政治家、文学家,官至参知政事(相当于副宰相)。仁宗庆历年间曾主持"庆历新政",积极主张改革,驻守西北边疆四年,并建立了不朽功勋。谥号文正,有《范文正公集》传世。

严先生祠堂记

创作背景

"云山苍苍，江水泱泱。先生之风，山高水长！""先生"之高风亮节亦因此句而流传甚广，令后世之人仰望。大家或许都听过这句话，却不一定知道这里的"先生"指的是谁。他其实就是本文标题中的"严先生"。此话是北宋著名政治家、文学家范仲淹所写。严先生即严光，字子陵，东汉著名隐士，富有才名，年少时曾与汉光武帝刘秀同窗，亦为好友。刘秀称帝以后，严光改名换姓隐遁，刘秀因思慕其才识人品，派人全国查访他。后多次延请严光出来为官，均被其拒绝。严光与刘秀之间发生的最有名的故事便是"动星象"事件。一次，严光与光武帝共眠一榻，他将足置于光武帝腹上，第二天，太史急奏客星冲撞帝星甚急，光武帝却笑着说："朕故人严子陵共卧耳。"其后严光隐居于富春江畔，后人将其垂钓之处称为严陵濑。

写作此文时，范仲淹被贬谪至睦州，并为严光修建了祠堂祭奠他，写下了《严先生祠堂记》，严光不慕权贵、清高耿直的高贵品格名扬天下。范仲淹要借助此文表达什么呢？只是赞美严光高洁的品性吗？让我们一起品读一下原文吧。

作品原文

先生，汉光武之故人也，相尚以道。及帝握《赤符》，乘六龙，得圣人之时，臣妾亿兆，天下孰加焉？惟先生以节高之。既而动星象。归江湖，得圣人之清，泥涂轩冕，天下孰加焉？惟光武以礼下之。

在《蛊》之上九，众方有为，而独"不事王侯，高尚其事"，先生以之。在《屯》之初九，阳德方亨，而能"以贵下贱，大得民也"，光武以之。盖先生之心，出乎日月之上；光武之量，包乎天地之外。微先生不能成光武之大，微光武岂能遂先生之高哉？而使贪夫廉，懦夫立，是大有功于名教也。仲淹来守是邦，始构堂而奠焉，乃复为其后者四家，以奉祠事。又从而歌曰：云山苍苍，江水泱泱。先生之风，山高水长！

全文翻译

先生，是光武帝的老朋友，他们以道义相互推崇。等到光武帝手握《赤伏符》，乘着六龙的阳气，达到了圣人顺应时事的境界，称了帝，有着亿兆的臣民，天下有谁能超过他呢？只有先生凭借节操高出他，后来二人的交往使得星象异动。先生归隐江湖，达到了圣人那样清高的境界，把高官厚禄视如泥土一般，天下有哪一个能超过他呢？只有光武帝以礼节甘居其下。

《易经》中《蛊》卦的所有爻都讲的是事功，只有上九爻说："不服事王侯，行事气节高尚。"先生正是运用了《蛊》上九爻卦辞揭示的道理。在《屯》卦的初九爻提到，阳刚之气正畅通，而能"以尊贵之身尊敬卑贱的人，大得民心"，光武帝借此立身。大概先生的胸怀比日月还高；光武帝的气量是包容天地之外的。如果没有先生，就不能成就光武帝的宏大气概；没有光武帝，怎能成就先生高尚的志意？先生使贪婪的人转变得廉洁，胆怯的人变得意志坚强，这是大大有功于儒家礼教的。我到这里任地方官以后，才开始修建祠堂祭奠先生。于是又免除了先生后代四户人家的赋税，来让他们负责祠堂祭祀之事。又从而写了一首歌来赞颂先生："云山苍苍，江水泱泱。先生之风，山高水长！"

文言积累

【文化小知识】

及帝握《赤符》，乘六龙，得圣人之时，臣妾亿兆

《赤符》指的是新莽末年谶纬家所造的《赤伏符》，其谶文大意是刘秀受天命，发兵能恢复汉室。后又泛指帝王受命的符瑞。六龙，在《周易》中有"时乘六龙以御天"之说，指的是国君凭借六爻所象征的阳气来驾驭天下。因此，这句话中的"握《赤符》""乘六龙"，指的都是称帝。臣妾与后来常用的意思"妾"不同，在这里是对奴隶的统称，男为臣，女为妾，后来泛指统治者所役使的民众和藩属。

【汉字小课堂】

微先生不能成光武之大，微光武岂能遂先生之高哉

根据句子结构，"遂先生之高"的"遂"应该与"成光武之大"的"成"意思相同，也应该是成就。那么，"遂"为何会是成就的意思呢？清代朱骏声《说文通训定声》："遂，道也，与术略同。"指道路。由道路引申出通达之义，在通达基础上引申出顺、符合义，后又引申出成功义。"遂先生之高"就是"成就先生之高义"的意思。

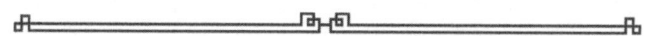

【实词加油站】

泥涂轩冕

轩冕指的是古代高官乘坐的车子和所戴的礼帽，后用来代指官职。泥涂就是污泥，在"泥涂轩冕"这个语境中，"泥涂"变为动词，意为"将……看作泥涂"，整句话的意思就是"视高官厚禄如粪土"。

【虚词积累库】

惟先生以节高之
惟光武以礼下之
乃复为其后者四家，以奉祠事

"以"是文言文中的一个重要虚词，"以"在文言文中可以用作介词，译为"把""用""凭借"等；也可以用作连词，译为"因为""才"等；还可以用为助词，舒缓或调节语气等。在这篇文章中，"惟先生以节高之""惟光武以礼下之""以贵下贱，大得民也"和"相尚以道"的"以"均可以译为"凭借""用"，如"以贵下贱"的句意就是"凭借尊贵之身尊敬卑贱的人"。"乃复为其后者四家，以奉祠事"中的"以"是连词，译为表目的的"来"，整句话译为："于是又免除了先生后代四户人家的赋税，让他们负责祠堂祭祀之事。"

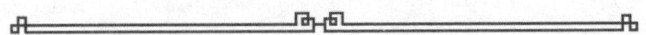

【句式精讲堂】

先生，光武之故人也，相尚以道

"先生，汉光武之故人也"翻译为"先生是汉光武帝的故交"，是典型的判断句。"相尚以道"中"相"的意思是相互，"尚"意为崇尚、推崇，"以道"就是凭借道德。如果直接翻译，这句话就变成了"相互推崇凭借道德"，这并不符合现代汉语的语言表达习惯，需要把"凭借道德"放到"相互推崇"之前，句子的语序调整为"凭借道德相互推崇"，"凭借道德"是用来修饰谓语"相互推崇"的，因此是状语，"相尚以道"这个句子就是状语后置句。

文本解读

本文的标题是"严先生祠堂记"，本文的主人公应该是严光。但文章不仅写了严光，还写了光武帝刘秀，而且写刘秀的篇幅与先生严光的篇幅相当，作者对二人事迹的记录与人物形象的评价几乎都是对举出现的。从篇幅上看，光武帝似乎并不是严光的"陪衬"，而是同样重要的存在。那么，作者这样行文的目的是什么呢？如果仅仅是为了赞美先生安贫清高的气节，似乎无须将光武帝的篇幅安排那么多。

顺着行文的思路，能找到这样一个关键句："而使贪夫廉，懦夫立，是有大功于名教也。"让贪婪之人变得廉洁，让胆怯之人变得坚强，严先生高风亮节的精神品质以及他面对光武帝时不卑不亢的态度，能成为引导社会风气的一面旗帜。"大有功于名教也"中的"名教"指的是以正名定分为主的儒家礼教，那么严光之事与儒家礼教何关呢？前面作者说"微先生不能成光武之大，微光武岂能遂先生之高哉？"实则想说的是一种理想的君臣关系，君主屈尊降贵、礼贤下士，对臣子的行为能包容，所以范仲淹评价光武帝的气量能"包乎天地之外"；臣子能廉洁自持、泥涂轩冕，对待君主能无所畏惧、不卑不亢。这样的君臣关系是建立在道义之上的平等和谐的关系。从这个层面上说，范仲淹借助此文表达的也是对一种理想社会的期待：仁者能欣逢盛世、遇到明主，明主能礼贤下士、体恤良臣。文中的"不事王侯，高尚其事"与"以贵下贱，大得民也"写的不就是这样的臣与君吗？

岳阳楼记

『创作背景』

"先天下之忧而忧,后天下之乐而乐"而今已经成为响彻中华大地的至理名言,借助这句话,我们认识了一个将祖国命运前途放在首位、具有远大政治抱负及伟大胸襟胆魄的千古名臣范仲淹。那么,范仲淹是在什么情境下说出这句话的呢?此话源于著名的《岳阳楼记》,是时范仲淹被贬官至河南邓州,而其好友滕子京也被贬至湖南岳州。滕子京虽遭贬谪,亦全心投入政事,将岳州的一切治理得井井有条,百姓安居和乐,他重新修建了岳阳楼,增加了它原有的规模。在此情形之下,滕子京嘱咐范仲淹写一篇文章记录这件事情。于是,范仲淹便写下了这篇名垂青史的《岳阳楼记》。在此文中,范仲淹写了什么?作者借此表达什么思想情感?让我们一起品读一下原文吧。

『作品原文』

庆历四年春,滕子京谪(zhé)守巴陵郡。越明年,政通人和,百废具兴。乃重修岳阳楼,增其旧制,刻唐贤今人诗赋于其上,属

『全文翻译』

庆历四年的春天,滕子京被贬谪到巴陵郡做太守。到了第二年,政治通达顺畅,人民安居和顺,各种被废弃的事业都兴办起来了。于是重新修建岳阳楼,扩建它原有的规模,把唐朝名家和当代文人的诗赋刻在它的上面,并嘱托我写篇文

（zhǔ）予作文以记之。

予观夫巴陵胜状，在洞庭一湖。衔远山，吞长江，浩浩汤（shāng）汤，横无际涯；朝晖夕阴，气象万千。此则岳阳楼之大观也，前人之述备矣。然则北通巫峡，南极潇湘，迁客骚人，多会于此，览物之情，得无异乎？

若夫淫雨霏霏，连月不开，阴风怒号，浊浪排空；日星隐曜（yào），山岳潜形；商旅不行，樯倾楫（jí）摧；薄暮冥冥，虎啸猿啼。登斯楼也，则有去国怀乡，忧谗畏讥，满目萧然，感极而悲者矣。

至若春和景明，波澜不惊，上下天光，一碧万顷；沙鸥翔集，锦鳞游泳；岸芷汀兰，郁郁青青。而或长烟一空，皓月千里，浮光跃金，静影沉璧；渔歌互答，此乐何极！登斯楼也，则有心旷神怡，宠辱偕忘，把酒临风，其喜洋洋

章来记述这件事情。

我看巴陵郡的美好景色，全在洞庭这一湖上。它衔接着远山，吞吐着长江，流水浩浩荡荡的样子，无边无际；早晨阳光明媚，傍晚阴沉昏暗，气象千变万化。这就是岳阳楼的雄伟景象，前人的记述已经十分详尽了。然而这里向北连通着巫峡，向南远通到潇湘，贬职外调的官吏和来往的诗人，大多在这里聚会，他们观赏自然景物而触发的感情，恐怕有所不同吧？

在那阴雨连绵、接连几个月不放晴的日子里，寒风怒吼，浑浊的浪冲向天空；太阳星辰隐藏起光辉，山岳掩没了形体；商人和旅客不能通行，船桅倾倒，船桨折断；傍晚天色昏暗，虎长啸猿哀鸣。登上这座楼，那么就会产生离开京城、怀念家乡、惧怕谗言诽谤的情感，满目萧条凄凉的样子，会让人感慨极深，心情十分悲伤。

到了春风和煦，阳光明媚的时节，湖面平静，没有惊涛骇浪，天色湖光相连，一片碧绿，宽广无边；沙洲上的鸥鸟时而飞翔，时而停下聚集，光彩鲜明的鱼游来游去，岸上的香草和岸边平处的香兰，香气很浓，青翠茂盛。有时高空云烟完全消散，皎洁的月光一泻千里，月光照耀在波动的水面泛着金光，静静的月影映在水中，犹如玉璧沉入水底；渔夫的对歌传来，这种乐趣真是无止尽啊！这时登上

者矣。

嗟夫！予尝求古仁人之心，或异二者之为。何哉？不以物喜，不以己悲。居庙堂之高，则忧其民；处江湖之远，则忧其君。是进亦忧，退亦忧。然则何时而乐耶？其必曰"先天下之忧而忧，后天下之乐而乐"乎！噫！微斯人，吾谁与归！

这座楼，就会感到心胸开阔、精神畅快，荣宠和屈辱都忘记了，迎着微风端起酒杯，真是喜气洋洋啊。

唉！我曾探求过古时仁人的心境，或有不同于上述两种精神状态的，为什么呢？是因为他们不因外物美好而愉快，不因自己的得失而悲伤。在朝廷做官时，就为百姓担忧；不在朝廷做官，就为国君忧虑。他进用也忧虑，退隐也忧愁。既然这样，那么他们什么时候才会快乐呢？古仁人必定说："先于天下人的忧而忧，晚于天下人的乐而乐。"唉！如果没有这种人，我与谁一道呢？

文言积累

文化小知识

迁客骚人

古代官员的任职有左迁、右迁，通常情况下，右迁是升职，左迁是贬谪。而"客"更有客居他乡之义。"迁客"即指的是遭贬谪的官员。屈原因被贬黜流放而创作了《离骚》一诗，因此后来"骚人"便用来指忧愁失意的文人。迁客骚人后用来泛指忧愁失意的文人。

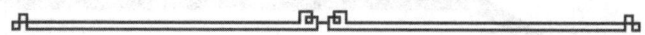

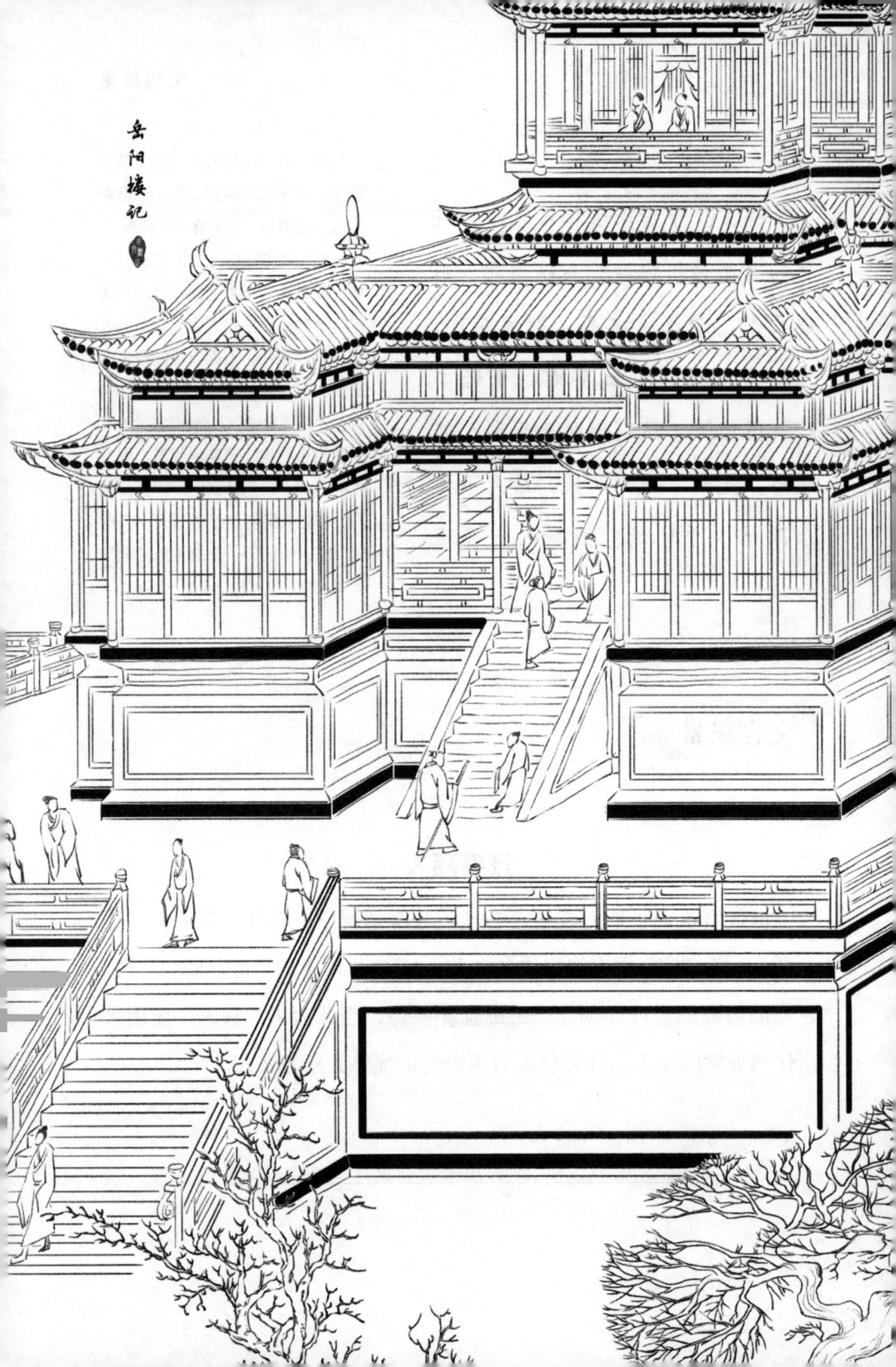

宋明风度

【汉字小课堂】

横无际涯

《说文·木部》:"横,木阑也。""横"的本义是横向的挡门的门闩,由此引申出横竖、横逆两个意思。由"横逆"又引申出方向不定之义,而后引申出充满、广阔无边等义。在"横无际涯"这个语境中,"横"的意思就是广阔无边。此处极言洞庭湖之水面宽广阔大,极富气势。

【实词加油站】

淫雨霏霏

"淫"义为下了很久的雨,"淫雨"就是连绵不断的雨。《诗经》中我们耳熟能详的句子:"昔我往矣,杨柳依依。今我来思,雨雪霏霏。""霏霏"本指雨烟云盛密,后泛指浓密盛多。"淫雨霏霏"指的就是阴雨连绵浓密的样子,这样写就极写了天气的阴沉,为后文写"去国怀乡,忧谗畏讥""感极而悲者"之情做铺垫。

至若春和景明

"景"从日,京声,本义是阳光。后又引申出风景、景象等义。在"春和景明"的语境中,"景"的意思是什么呢?"至若春和景明"和上一段同样位置的"若夫淫雨霏霏"是对举的两句话,"淫雨霏霏"指的是阴雨绵绵的天气状况,所以将"春和景明"中的"景"解读为天气似乎更合适,那么,将其解释为阳光便比风景好一些。因此,在分析词义的过程中,一定要有语境意识。

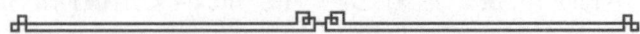

【虚词积累库】

"其"在本文出现了几次,用法不尽相同。"刻唐贤今人诗赋于其上"中的"其"是"它(岳阳楼)的",是表领属的代词。"居庙堂之高,则忧其民;处江湖之远,则忧其君"中的两个"其"均可以译为"他的",与"赋于其上"中"其"的用法一致。"其必曰'先天下之忧而忧,后天下之乐而乐'乎"中的"其"是回指本段开头提到的"古仁人"。"把酒临风,其喜洋洋者矣"中的"其"是加强肯定语气的副词,可以翻译为真的是、确实是。

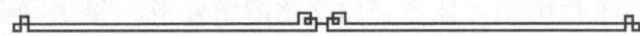

【句式精讲堂】

微斯人,吾谁与归?

"微"意为"如果没有","斯人"即为"这些人","吾"是我,"归"为归依、归属、归到一处。如果直接翻译,这个句子就变成:如果没有这些人,我谁和归到一处?这显然不符合现代汉语的表达习惯,应该调整语序,将"谁和"变为"和谁"。"谁"作为代词宾语放在了前面,因此,这句话是宾语前置句。

文本解读

阅读此文时，可以借助文章标题进行解读。既然题目为"岳阳楼记"，那么全文的几个段落都应该与岳阳楼有关。

第一段交代了写作背景，滕子京治理巴陵郡十分妥善，并重修岳阳楼，增加了它原有的规模，因此让作者写文章记录这件事情。

第二段先写登上岳阳楼所见的雄伟景象，巴陵的胜景全在洞庭湖，而登上岳阳楼便能看见"浩浩汤汤，横无际涯"的洞庭湖。但作者的笔力并未停留于赞美洞庭湖的壮阔，而是由它的地理位置联想到贬职外调的官吏和诗人们，他们也常常在此聚会，当他们面对滔滔的洞庭湖时，他们是不是会产生不一样的情感呢？

第三段和第四段写因登上岳阳楼所见的不同景致触发的不同情感，在淫雨霏霏、阴风怒号之时，满目的萧条使人产生去国怀乡、忧谗畏讥的凄楚之情。而在春和景明之时，触目皆为明丽之景，水天一色，天上鸥鸟自由飞翔，水中锦鳞畅快游泳，连水边的兰草也充满活力。作者用极简省优美的笔触描摹出一幅明快的湖光山色图。而到了夜晚，无论是如玉的月影，还是渔歌互答的声音，都让人宠辱皆忘、极其欢乐。

如仅停留于此，此文便不能成为一篇境界极高的文学作品了。因美景而喜悦、哀景而忧伤，实乃人之常情。古仁人可贵之处就在于能做到"不以物喜，不以己悲"。范仲淹发出"先天下之忧而忧，后天下之乐而乐"的呼告，似是在说古仁人，却也是一种宣告，为后来的士大夫们树立了人生的信条。读罢此段，回头再看第一段，作者为何一定要写滕子京谪守巴陵郡"政通人和，百废具兴"之事呢？滕子京被贬，与朝廷距离甚远，可他并没有沉浸于去国怀乡的悲愤情绪中，而是能将百姓之事放于首位，依然踔厉奋发、潜心为民！

这样看来，全文前后照应，结构整饬，语言优美，议论精辟，是一篇文质兼美的文章。

欧阳修

欧阳修(1007—1072),字永叔,号醉翁,晚年又号六一居士,庐陵(今江西吉安)人。宋天圣八年(1030)进士及第,经历仁宗、神宗、英宗三朝,官至翰林学士、枢密副使、参知政事,谥号"文忠",世称欧阳文忠公。欧阳修倡导诗文革新运动,是北宋文坛的领袖,与唐韩愈、柳宗元,北宋王安石、苏洵、苏轼、苏辙、曾巩合称为"唐宋八大家"。他曾主修《新唐书》,编撰《新五代史》。有《欧阳文忠公集》传世。

新五代史·伶官传序

创作背景

《新五代史·伶官传序》是欧阳修创作的一篇史论，是史书《新五代史》中千古传诵的名篇。《新五代史》作为二十四史之一，是唯一一部私人修撰的"正史"。关于五代历史，在欧阳修之前，已有宋太祖组织薛居正等编撰了《旧五代史》，但欧阳修在此基础上，遵奉"春秋笔法"，编写了《新五代史》，以期借五代之历史讽喻北宋政治。欧阳修初登政坛时，北宋的政治弊端已逐渐显露。屡败宋军。作为一个有追求、有抱负的读书人，欧阳修忧心忡忡，他将自己挽救政治的决心倾注于笔尖，凝结成了一部文采与历史价值兼具的《新五代史》，以期借古讽今，防止五代的悲剧在北宋重演。

伶官即为宫廷的乐官和授有官职的演戏艺人，伶官的地位并不高，欧阳修为何专门为他们作传并为其传记写序言呢？

作品原文

呜呼！盛衰之理，虽曰天命，岂非人事哉！原庄宗之所以得天下，与其所以失之者，可以知之矣。

全文翻译

唉！盛衰的道理，虽说是出于天命，难道不是人事造成的吗？推究庄宗取得天下的原因，与他失去天下的原因，就可以明白这个道理了。

世言晋王之将终也，以三矢赐庄宗而告之曰："梁，吾仇也；燕王，吾所立；契丹与吾约为兄弟，而皆背晋以归梁。此三者，吾遗恨也。与尔三矢，尔其无忘乃父之志！"庄宗受而藏之于庙。其后用兵，则遣从事以一少牢告庙，请其矢，盛以锦囊，负而前驱，及凯旋而纳之。方其系燕父子以组，函梁君臣之首，入于太庙，还矢先王，而告以成功，其意气之盛，可谓壮哉！及仇雠（chóu）已灭，天下已定，一夫夜呼，乱者四应，仓皇东出，未及见贼，而士卒离散，君臣相顾，不知所归，至于誓天断发，泣下沾襟，何其衰也！岂得之难而失之易欤？抑本其成败之迹，而皆自于人欤？

《书》曰："满招损，谦得益。"忧劳可以兴国，逸豫可以亡身，自然之理也。故方其盛也，举天下之

世人传说晋王李克用临死时，把三支箭赐给庄宗，并告诉他说："梁国是我的仇敌，燕王是我扶持的，契丹与我约为兄弟，可是他们都背叛了后晋而投靠了梁。这三件事，是我的遗恨。给你三支箭，你一定不要忘记你父亲的志向啊！"庄宗接受了箭，然后藏在太庙里。那之后庄宗出兵打仗，便派遣属官用猪羊祭告祖先，从宗庙里恭敬地取出那些箭，装在织锦的口袋里，背着它们在前面冲锋陷阵，等打了胜仗回来，再把箭放进太庙。当他用绳子绑住燕王父子，用木匣装着梁国君臣的头，走进太庙，把箭交还给先王，将他生前复仇之志实现的消息告诉他，那神情气概是那样旺盛，可以称得上是雄壮啊！等到仇敌已经消灭，天下已经安定，一人在夜里发难，叛乱者就四方响应，庄宗慌慌张张出兵向东进发，还没见到乱贼，部下的兵士就纷纷逃散，君臣们你看着我，我看着你，不知道去哪里好，以至于对天发誓割下自己的头发，号啕大哭，眼泪沾湿衣襟，多么的凄惨衰弱啊！难道说是因为取得天下难，而失去天下容易？还是推究他成功失败的原因，都是由于人事呢？

《尚书》上说："自满带来损害，谦虚能得到益处。"忧劳可以使国家兴盛，安乐可以使自身灭亡，这是自然的道理。因此，当他兴盛时，全天下的豪杰，没有谁能和他

豪杰莫能与之争；及其衰也，数十伶人困之，而身死国灭，为（wéi）天下笑。夫祸患常积于忽微，而智勇多困于所溺，岂独伶人也哉！

相争；到他衰败时，数十个乐官就把他困住，以致身死国灭，被天下人耻笑。祸患常常是由细小的错误积累而成的，智慧而英勇的人，也多半沉溺于某种爱好之中，并被其迷惑而陷于困窘，难道只是乐工的事情吗？

『文言积累』

【文化小知识】

伶官传序

"序"作为一种文体通常分为两大类，一类是赠序，一类是书序。赠序是临别赠言的文字，内容多是对于所赠亲友的赞许、推重或勉励之词，如著名的《送东阳马生序》。书序相当于现在书籍的前言、后记，用以介绍作者，说明书籍创作的原因、书籍编撰的体例等，书序又分为自序和他序两种。自序就是自己写的序言，他序是他人代写的序言。本文《新五代史·伶官传序》的"序"便是自序。

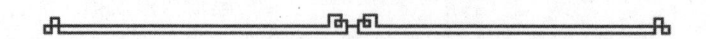

【汉字小课堂】

原庄宗之所以得天下

原，金文写作原，会意字，表示水从石穴出向下涌。《说文解字》：

"原，水泉本也。"指水流起始之处。这个意思后来写作"源"。引申指事物的开始。而在"原庄宗之所以得天下"中，"原"是动词，翻译为推究事物的本源。

【实词加油站】

函梁君臣之首

"函"是木匣，在"函梁君臣之首"中，"梁君臣之首"指的是梁国君臣的头颅，"函"直接翻译为木匣就不行，应该译为动词，指用木匣装。

仓皇东出

"东"是东面、东方，但是在这个句子中如果直接这样翻译，句子就变成了"仓皇东方出逃"，不符合现代汉语的语言习惯，因此，这里的"东"应该翻译为"向东方"，充当谓语"出"的状语。

【虚词积累库】

"其"在文本中的用法比较复杂，在"与其所以失之者""故方其盛也""及其衰也"中的"其"是代词，翻译为"他"。在"抑本其成败之迹"中"其"是"他的"。"其后用兵"中的"其"是代词"那"。"其意气之盛"中的"其"可以理解为"他的",也可以理解为代词"那"。"尔其无忘乃父之志"中的"其"是"一定",整句话翻译为"你一定不要忘记你父亲的志向"。

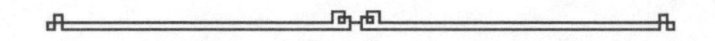

【句式精讲堂】

及其衰也,数十伶人困之,而身死国灭,为天下笑
夫祸患常积于忽微,而智勇多困于所溺

这两个句子均为被动句,其中第一个句子的"为"翻译为"被",第二个句子的"于"也翻译为"被"或"受"。前一句译为:"到他衰败时,数十个乐官就把他困住,以致身死国灭,被天下人耻笑。"后一句译为:"祸患常常是由细小的错误积累而成的,智慧而英勇的人,也多半沉溺于某种爱好之中,并被其迷惑而陷于困窘。"

『文本解读』

本文题为"新五代史·伶官传序",但是全文"伶官"却只出现了两处,一处是"一夫夜呼"中的"一夫",一处是文章结尾处"数十伶人困之"中的"伶人"。文章的前半段叙事部分讲的是后唐庄宗李存勖得天下与失天下的故事,这与伶官有什么关系呢?作为一篇史论,本文想要表达什么观点？我们来看一下文章的结构。

　　本文开篇便提出了一个观点，盛衰的道理不在天命，而在人事。而这可以从庄宗得失天下的原因看出来。

　　那么庄宗如何得到天下的呢？他接受父亲晋王的临终嘱托，将报仇之志时时挂于心间，每次打仗时都要先祭祀太庙，并命人将晋王遗留下来的三支箭慎重置于锦囊之中，背于背上，在前开路。这些事实正应和了文章最后一段所说的"谦得益""忧劳可以兴国"，而这正是开篇所说"人事"对于兴国的影响。

　　庄宗又如何从意气风发到身死国灭的呢？文中并未详细述说庄宗得天下以后实施了什么治国方略、百姓生活如何等，而只是写到"及仇雠已灭，天下已定"之后"一夫夜呼"终至国灭的结局。庄宗失去天下真的只是因为"一夫""数十伶人"反叛吗？很显然，伶人围困只是国灭的导火索，关键还在于分析"及其衰也"中"衰"的原因。亲近、重用伶人，沉湎于声色。庄宗此时与心怀复仇之志时形成了鲜明的对比。因此作者最后指出"夫祸患常积于忽微，而智勇多困于所溺"，这并不独独指伶人啊。

　　至此，欧阳修创作此篇序文的目的已经明确了，正是借庄宗兴衰之事讽喻北宋朝廷，应该励精图治，重视"人事"在国之成败上的作用。

『专题阅读』

　　纵观中国历史，伶人擅权、外戚专政、宦官当权似乎已成为很多朝代走向衰败甚至灭亡的原因，东汉末年十常侍专权、外戚干政，民不聊生；唐玄宗重用杨国忠等人，外戚干政，致使唐朝由盛转衰；安史之乱后，唐朝宦官专权，唐朝进一步衰败……

　　那么，伶人擅权等是这些朝代由盛转衰甚至灭亡的根本原因吗？欧阳修在《新五代史·伶官传序》中给出了答案："忧劳可以兴国，逸豫可以亡身"。当权者的才识、品性十分重要，为人君者，当做到儒家倡导的"修身齐家治国平天下"，以修身为根本，励精图治，否则便容易被群小蒙蔽。这些群小可以是伶人，亦可以是宦官、外戚……本文回答了一个贯穿于中华历史兴衰中的关键问题，极具思考价值。

醉翁亭记

『创作背景』

想必不少同学听过"醉翁之意不在酒,在乎山水之间也"这一名句,此话来自欧阳修的《醉翁亭记》。宋仁宗庆历五年(1045),38岁的欧阳修被贬谪至滁州(今安徽省东部)担任太守。欧阳修与范仲淹、韩琦等人推行北宋革新运动,当时的北宋虽然政治开明,但表面繁荣之下隐藏了很多政治上的积弊。范仲淹等人希望借改革来改变北宋朝廷不思进取的现状,因而触犯了保守派的利益。这一年,范仲淹等人相继被贬谪,欧阳修也被贬到滁州。在滁州担任父母官期间,欧阳修采取一系列措施促进当地生产,使当地人过上了和平安定的生活。《醉翁亭记》便创作于此时,不到40岁的欧阳修为何要自称"醉翁"?作者借本文抒发了什么情感呢?让我们一起来欣赏脍炙人口的《醉翁亭记》吧。

『作品原文』

环滁(chú)皆山也。其西南诸峰,林壑尤美,望之蔚然而深秀者,琅琊也。山行六七里,渐闻水

『全文翻译』

环绕着滁州四面的都是山。那西南方向的几座山峰,树林和山谷尤其美丽。远远望去草木茂盛,幽深而秀丽的,是琅琊山。沿着山路走六七里,渐渐听到潺潺的流水

声潺潺，而泻出于两峰之间者，酿泉也。峰回路转，有亭翼然临于泉上者，醉翁亭也。作亭者谁？山之僧智仙也。名之者谁？太守自谓也。太守与客来饮于此，饮少辄醉，而年又最高，故自号曰醉翁也。醉翁之意不在酒，在乎山水之间也。山水之乐，得之心而寓之酒也。

若夫日出而林霏开，云归而岩穴暝；晦明变化者，山间之朝暮也。野芳发而幽香，佳木秀而繁阴，风霜高洁，水落而石出者，山间之四时也。朝而往，暮而归，四时之景不同，而乐亦无穷也。

至于负者歌于途，行者休于树，前者呼，后者应，伛（yǔ）偻（lǚ）提携，往来而不绝者，滁人游也。临溪而渔，溪深而鱼肥；酿泉为酒，泉香而酒冽；山肴野蔌（sù），杂然而前陈者，太守宴也。宴酣之乐，非丝非竹；射者中，弈

声，从两峰之间飞泻而下的，是酿泉。山势回环，沿着山路拐弯，有一座亭子亭檐翘起，像飞鸟展翅一样架于泉上，是醉翁亭。建造这亭子的是谁呢？是山上的和尚智仙。给它取名的又是谁呢？是自谓"醉翁"的滁州太守。太守和他的宾客们来这儿饮酒，喝一点儿就醉了，而且年岁最大，所以自号"醉翁"。醉翁的意趣不在于喝酒，而在于山水之间。欣赏山水的乐趣，领会在心里，又寄托在酒上。

至于太阳出来后，林间雾气逐渐消散；烟云聚拢后，山谷洞穴就晦暗难辨；这样阴沉晴朗的变化，就是山中的朝暮。野花绽放后幽香袭来，树木秀美而绿荫浓密，秋高气爽，霜气洁白，水落然后石出，这就是山中的四季。早晨进山，傍晚回来，四季的景色不同，乐趣也无穷无尽啊。

至于背着东西的人在路上唱歌，走路的人在树下休息，前面的人呼喊，后面的人应答，老老少少，来来往往而不断的行人，是滁州人在游玩啊。临溪而钓，溪水深而鱼肉肥美；用酿泉造酒，泉水香而酒清冽；山珍野菜，交错杂七杂八地摆放在面前的，是太守办的宴席。宴饮酣畅的乐趣，不在于管弦音乐，投壶的人投中了，下棋的人赢了，酒杯和酒筹交互错杂，有的站起来有的坐下大声喧闹，这是宾客们欢乐的场景。那个面容苍老满

者胜；觥（gōng）筹（chóu）交错，起坐而喧哗者，众宾欢也。苍颜白发，颓然乎其间者，太守醉也。

已而夕阳在山，人影散乱，太守归而宾客从也。树林阴翳（yì），鸣声上下，游人去而禽鸟乐也。然而禽鸟知山林之乐，而不知人之乐；人知从太守游而乐，而不知太守之乐其乐也。醉能同其乐，醒能述以文者，太守也。太守谓谁？庐陵欧阳修也。

头白发，酒后昏沉欲倒于众人之中的人，是太守啊。

不久，夕阳落于山头，人影散乱，这是宾客们跟随太守回去了。树林里树叶覆盖，上上下下一片鸟鸣，是游人离开后鸟儿在欢乐地鸣唱啊。但是鸟儿只知道山林中的快乐，却不知道人们的快乐。而人们只知道跟随太守游玩的快乐，却不知道太守以游人的快乐为快乐啊。喝醉了能和大家一起欢乐，醒来能够用文章记述这乐事的人，是太守。太守是谁呢？是庐陵的欧阳修啊。

文言积累

【文化小知识】

宴酣之乐，非丝非竹；射者中，弈者胜；觥筹交错

"丝竹"是乐器的总称，丝为弦乐器，如古琴、古筝等；竹为管乐器，如笛子、箫等。"射"在这里不是指射箭，而是古代的一种投壶游戏，用箭状的筹棒去投掷长颈形的壶，按投中的次数分胜负。"弈"作为古代的六种技艺之一，指的是下棋。"觥筹"中的"觥"是酒器，"筹"是用来行酒令或饮酒计数的签子。

醉翁亭记

【汉字小课堂】

得之心而寓之酒也

《说文解字》:"寓,寄也。"指居住、寄居,如"寓居会稽"中的"寓"即为此义。现代汉语中的"寓所"也是这个意思。后由居住引申为寄托,如现代汉语的"寓意"即为语言文字中所寄托的意思。"得之心而寓之酒也"的"寓"即为"寄托"。

【实词加油站】

有亭翼然临于泉上者

临溪而渔

"临"本义为从高处往低处察看,"有亭翼然临于泉上者"中的"临"指的是亭子像鸟张开翅膀一样在泉水之上,根据语境,可以翻译为"踞于""架于"等。"临"还引申出面对、到等义,如"把酒临风""临表涕零"中的"临"为面对,"临溪而渔"中的"临"是到、往。

伛偻提携

"伛偻"即俯身弓背的样子,这里指老年人。"提携"意为搀手领着走,这里指小孩。"伛偻提携"指的就是老老少少。

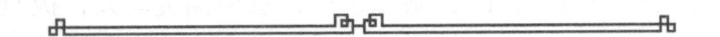

【虚词积累库】

"而"在本文中可以表示顺承，翻译为然后，如"若夫日出而林霏开，云归而岩穴暝"中的"而"，整句话可以翻译为："至于太阳出来后，林间雾气逐渐消散；烟云聚拢后，山谷洞穴就晦暗难辨。""而"还可以表示修饰，用来修饰谓语动词，表示动作的方式、状态、程度等，如"杂然而前陈者"中的"而"指的就是"陈列在前"的方式，是杂乱的。"而"还可以表示转折，如"禽鸟知山林之乐，而不知人之乐"中的"而"可以翻译为"却、然而"。

【句式精讲堂】

此文多用判断句，句末均有一个"也"字。如第一段中共出现七个判断句，整句话翻译为"……是……"。如"其西南诸峰，林壑尤美，望之蔚然而深秀者，琅琊也"，译为"那西南方向的几座山峰，树林和山谷尤其美丽。远远望去草木茂盛，幽深而秀丽的，是琅琊山"。再如第二段"若夫日出而林霏开，云归而岩穴暝；晦明变化者，山间之朝暮也"等也为判断句。

『文本解读』

本文结构严谨精巧，语言凝练精粹，意境优美动人，极具感染力。

全文洋溢着一股欢乐的气氛，解读时，可以从情感关键词"乐"字入手。太守快乐的原因是什么？"醉翁之意不在酒，在乎山水之间也。山水之乐，得之心而寓之酒也""朝而往，暮而归，四时之景不同，而乐亦无穷也""众宾欢也""人知从太守游而乐，而不知太守之乐其乐也。醉能同其乐……"这四句话之间具有如下逻辑层次，也点明了文章的结构。第一句总说醉翁之乐在山水，同时寄托在饮酒之上，这就指向了两个层面：一个是山水之乐，一个是饮酒之乐。而第二句落脚在醉翁亭周围的早晚及四时之美景上，是对山水之乐的具体展开。第三句"众宾欢也"写太守与民的宴饮酬酢之乐，是对饮酒之乐的展开。最后一句落在"同其乐"与"太守乐其乐"上，太守能够与民同乐，能够以百姓的快乐为乐才是他真正快乐的原因，这两句话当为文章的收束，揭示了山水之乐的本质。

文章第一段像电影镜头一样，由环绕滁州之山而聚焦于琅琊山，再由琅琊山而及山间酿泉，由酿泉而及翼然其上的醉翁亭。由醉翁亭引出作亭之人以及给亭命名之人"醉翁"，引出关于醉翁之乐的讨论。第二段则先写山间朝暮的晦明变化，接着寥寥几笔写出四时美景的变幻。朝暮之盛景与四时之景的变化，引发了欣赏者心中无穷的乐趣。第三段写美景之下人的活动，前呼后应，老老少少，来来往往之人都和平安乐。加之此地物产丰富，溪深鱼肥，泉香酒洌，山肴野蔌，为宴饮之乐提供了条件。接着作者聚焦于宴饮中人的活动上，宴饮之乐不在丝竹的繁盛与否，而在射者、弈者、觥筹交错者、坐起喧哗者等，这些人的欢乐使太守醉于其间。是真喝醉了，还是沉醉了？第四段由禽鸟之乐写到人之乐，再由人之乐写到太守以人之乐为乐、与民同乐，达到了至乐之境。

　　滁州为何物产如此丰饶，人民这样和乐？这与太守的为政有关，欧阳修借助此文表达了"与民同乐"的为政理念。

苏 轼

苏轼（1037-1101），字子瞻，号东坡居士，北宋眉山（今四川眉山）人。与其父苏洵、弟弟苏辙合称为"三苏"，在诗、词、散文、书法、绘画等方面都有极高的造诣。其诗歌题材广泛，独具风格，与黄庭坚合称为"苏黄"；在词的创作上，他开创了豪放词，与南宋辛弃疾合称为"苏辛"；在散文创作上，他是"唐宋八大家之一"；在书法上，他又是"宋四家"之一；在绘画上，他又是"湖州画派"的代表画家之一。苏轼在文学艺术上成就极高，但因为新旧党争之事，他在政治上颇不得意，屡遭贬谪，很多著名诗文都创作于贬谪期间，尤其是被贬黄州、惠州、儋州之时，苏轼曾用"问汝平生功业，黄州惠州儋州"表达了自己这样的际遇。

超然台记

创作背景

　　1057年，二十岁的苏轼进士及第，其文洒脱自然，敢于创新，受到当时主考官欧阳修、小试官梅尧臣的赏识。在文坛领袖欧阳修的屡次称赞之下，苏轼声名大振，名动京师，一时风头无两。后因母亲与父亲相继病逝，苏轼远离朝廷多年。当他守孝期满，再次回到朝堂时，著名的王安石变法开始了，苏轼的很多师友均因反对变法而遭受牵连，其中包括赏识他的欧阳修。后苏轼上书直陈变法的弊端，为新党不容，自请出京担任了杭州通判。之后，因其弟苏辙在济南，"求为东州守"（苏辙《超然台赋序》），熙宁七年（1074）被批准改任密州（今山东诸城）太守，著名的《密州出猎》便创作于这一时期。

　　初至密州时，此地收成不佳，盗贼横行，狱讼充斥，作为父母官的苏轼开始革新政治。第二年，政局初定，苏轼治园圃，洁庭宇，把园圃北面的旧台修葺一新，并常与他人登览。苏轼请弟弟苏辙为此台命名，苏辙将其命名为"超然台"，并作了一篇著名的《超然台赋》。苏辙将其命名为超然台，实则也有宽慰苏轼之意。苏辙希望苏轼能超然于政治纷争之外，不要因不得志而忧愁。那么，苏轼有无领会弟弟的深意呢？阅读苏轼的《超然台记》时，可以读一读苏辙的《超然台赋》，两相比照，更能理解《超然台记》的意趣。

作品原文

凡物皆有可观。苟有可观，皆有可乐，非必怪奇伟丽者也。哺（bǔ）糟（zāo）啜（chuò）醨（lí）皆可以醉，果蔬草木皆可以饱。推此类也，吾安往而不乐？

夫所为求福而辞祸者，以福可喜而祸可悲也。人之所欲无穷，而物之可以足吾欲者有尽，美恶之辨战乎中，而去取之择交乎前。则可乐者常少，而可悲者常多。是谓求祸而辞福。夫求祸而辞福，岂人之情也哉？物有以盖之矣。彼游于物之内，而不游于物之外。物非有大小也，自其内而观之，未有不高且大者也。彼挟其高大以临我，则我常眩乱反复，如隙中之观斗，又焉知胜负之所在。是以美恶横生，而忧乐出焉，可不大哀乎！

予自钱塘移守胶西，释舟楫之

全文翻译

大凡事物都有可观赏之处。如有可观赏之处，都有可使人快乐之处，不必是怪异、新奇、雄伟、瑰丽的不可。吃酒糟，喝薄酒，都可以使人醉倒，水果蔬菜草木，都可以让人饱腹。以此类推，我到哪儿会不快乐呢？

人们所说的追求幸福、避开灾祸，是因为幸福可使人欢喜而灾祸使人悲伤啊。人的欲望无穷，而能满足我们欲望的东西却是有限的。美好和丑恶的区别在内心激荡，舍弃和求取的选择在眼前交织，那么能使人快活的东西就很少了，而值得悲哀的事很多，这就叫作求祸避福。追求灾祸，躲避幸福，难道是人之常情吗？这是外物对人有所蒙蔽啊！他们局限于事物之中，而不能自由驰骋于事物之外。事物本没有大小之别，如果从它的内部来观察它，那么没有既高且大的。它倚仗高大的形象居高临下逼近我的，那么我常常会眼花缭乱，分不清真假、是非，就像在缝隙中看人争斗一样，又如何能知道谁胜谁负呢？因此，心中美好和丑恶洋溢而出，充分显露出来，忧愁与欢乐也就产生了。这不令人非常悲哀吗？

我从钱塘调到密州任知州，放弃了乘船的安逸，而承受坐车骑马的劳累；放弃了墙壁雕花的豪华住安，而服车马之劳；去雕墙之美，而庇采椽（chuán）之居；背湖山之观，而适桑麻之野。始至之日，岁比不登，盗贼满野，狱讼充斥；而斋厨索然，日食杞菊。人固疑予之不乐也。处之期（jī）年，而貌加丰，发之白者，日以反黑。予既乐其风俗之淳，而其吏民亦安予之拙也。于是治其园圃，洁其庭宇，伐安丘、高密之木，以修补破败，为苟全之计。而园之北，因城以为台者旧矣，稍葺而新之。时相与登览，放意肆志焉。南望马耳、常山，出没隐见，若近若远，庶（shù）几（jī）有隐君子乎？而其东则庐山，秦人卢敖之所从遁也。西望穆陵，隐然如城郭，师尚父、齐桓公之遗烈，犹有存者。北俯潍（wéi）水，慨然太息，思淮阴之功，而吊其不终。台高而安，深而明，夏凉而冬温。雨雪之朝，

宅，而庇身在粗木造的屋舍里；远离湖光山色的美景，来到桑麻丛生的荒野。刚到之时，连年收成不好，盗贼四处横行，诉讼案件也多不胜数；而厨房里寂寞无生气，每天以枸杞野菊充饥，人们本来都怀疑我会不快乐。我在这里住了一年后，外表比以前更加丰腴，头发白的地方，也一天天变黑了。我已经喜欢这里风俗的淳朴，这里的官吏百姓也习惯了我的愚拙。于是，我修整花园菜圃，清洁庭院屋宇，砍伐安丘、高密的树木，用来修补破败之处，只做简单修缮的打算。在园子的北面，靠着城墙筑起的高台已经很旧了，稍加整修，让它焕然一新。我时常和他人一起登台观览，放纵情志，纵性而为。从台上向南眺望马耳、常山，时隐时现，似近似远，或许有隐士住在那里吧？而它的东面就是庐山，是秦人卢敖隐遁的地方。向西望去是穆陵关，隐隐约约像一座城池，姜太公、齐桓公的赫赫功业，尚有留存。向北俯视潍水，不禁感慨叹息，想起了淮阴侯韩信当年的战功，又哀叹他不得善终。这台高大且稳固，幽深又明亮，夏季凉爽而且冬季温暖。雨落雪飞的早晨，风清月明的夜晚，我没有不在此台的，朋友们也没有不跟随我的。我们采摘园子里的蔬菜，钓取池塘里的游鱼，酿高粱酒，煮糙米吃，赞叹道："多么快活啊！在这里游

风月之夕，予未尝不在，客未尝不从。撷（xié）园蔬，取池鱼，酿秫（shú）酒，瀹（yuè）脱粟而食之，曰："乐哉游乎！"

方是时，予弟子由适在济南，闻而赋之，且名其台曰"超然"，以见予之无所往而不乐者，盖游于物之外也。

乐！"

我的弟弟子由恰好在济南做官，听说这件事后，写了一篇文章，并且给这个高台命名为"超然"，以说明我之所以到哪儿都快乐，就是因为我能超乎事物之外！

文言积累

汉字小课堂

物有以盖之矣

以见予之无所往而不乐者，盖游于物之外也

"盖"的本义是有遮蔽作用的东西，如瓶盖、锅盖等，后引申出遮蔽、遮盖。在"物有以盖之矣"语境中的"盖"应该译为"遮蔽、遮盖"，整句话翻译为"这是外物对人有所蒙蔽啊"。而"盖"也可以用作连词，表示推测，翻译为大概；或表示原因。"以见予之无所往而不乐者，盖游于物之外也"这句话中，前后句存在因果逻辑，我有无往不乐的原因是我超然物外，因此，"盖"是表因果的连词。

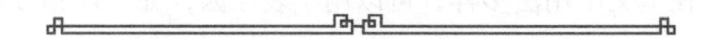

【实词加油站】

哺糟啜醨皆可以醉

哺，食。糟，酒糟，滤酒后的渣滓。啜，饮。醨，薄酒。"哺糟啜醨"指的就是喝很差的酒。

稍葺而新之

"新"的常见用法是形容词，但是在这个语境中，"新"后面接了"之"（高台），"新"就变成了一个谓语动词，可以翻译为"使之新"。

南望马耳、常山

西望穆陵

"南""西"都是表示方位的词，如果直接翻译，就是"南面望马耳、常山""西面望穆陵"，这样的翻译显然不符合现代汉语的表达习惯，翻译为"向南""向北"更符合语境。

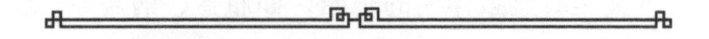

【虚词积累库】

"因"在本文中只出现一次，但它是一个很重要的虚词。"而园之北，因城以为台者旧矣"中"因"的意思是依靠、凭借，整句话翻译为"在园子的北面，靠着城墙筑起的高台已经很旧了"。

"以"在本文中用法多样，可以用于表原因，如"以福可喜而祸可悲也"，整句话翻译为"是因为幸福可使人欢喜而灾祸使人悲伤啊"；"是以美恶横生"中的"是以"就是因为这、因此。"以"还可以用作表目的的连词，可以翻译为"来"，如"以见予之无所往而不乐者""彼挟其高大以临我"，整句话翻译为"来说明我之所以到哪儿都快乐的原因""它倚仗高大的形象来居高临下逼近我"。"以"还可以翻译为"把"，如"因城以为台者旧矣"中的"以为"可以理解成"把它做成"。"以"还可以用于表修饰的连词，"发之白者，日以反黑"，整句话翻译为"头发白的地方，一天天地变黑了"。

【句式精讲堂】

推此类也，吾安往而不乐

如果对应着直译，这句话就翻译为"以此类推，我哪里去而且不快乐？"，这不符合现代汉语的表达习惯，应该将"安"放在"往"的后面，"安往"即为去哪里，整句话为一个宾语前置句，"安"为"往"的宾语。

『文本解读』

本文写于苏辙给高台命名为"超然"之后，可以说是苏轼对"超然"二字的回应。与很多写地方、景物的散文不同，本文并未将行文重点放在超然台的环境描写上，而是一上来就抒情议论，行文之间呈现出苏轼对"超然"二字的理解。

文章第一段从凡事都有可观赏之处、可使人快乐处写起，即便吃的只是水果蔬菜甚至草木，喝的也只是酒糟薄酒，也能过得很快乐。作者最后将落脚点放在"乐"字上。

第二段写趋利避害、求福避祸是人之常情，可是最终却常常事与愿违，变成求祸避福。为什么会这样呢？这是因为外物会蒙蔽世人的双眼。只有超然物外，才不会被外物左右，获得快乐。

第三段作者先写从钱塘调至密州生活状态的变化，从舒适美好而至简陋困难，加之盗贼横行、诉讼繁多，正常人在此情形下，都会内心悲戚。这实则也写出了苏轼面临的困境。苏轼靠什么来对抗这样的境遇呢？"予既乐其风俗之淳，而其吏民亦安予之拙也"，这一句写得很简洁，但依然可以从中看出官民和谐的相处，是苏轼励精图治的结果。于是，在政局稍安之后，苏轼开始治理园圃、清洁庭院、修葺高台。站在高台之上，作者首先想到的是此地有关的历史名人，这些人最终都成为历史，只有这高台高大稳固，深广明亮。正如苏辙在《超然台赋》序言中所写的："天下之士，奔走于是非之场，浮沉于荣辱之海，嚣然尽力而忘反，亦莫自知也。而达者哀之。"（天下的士人，在是非场上奔走，在荣辱之海中浮沉，尽情地轻狂浮躁而流连忘返，自己还不知道。但是达人为他们感到悲哀。）只有超然于物外，才能不为外物羁绊，即便只是吃蔬菜、喝高粱酒、吃糙米，也能畅快愉悦。

最后作者以"超然"收束全文，点明自己"超然"的生活态度。

专题链接

能于官场的失意中走向豁达之人并不多，更何况是像苏轼这样的天纵奇才，林语堂曾评价他"是天地间的凤毛麟角，不可能多见的"（《苏东坡传》）。这样有才华之人，内心都是骄傲的，面对挫折，苏轼却依然能以超然的心态应对，确实令人佩服。这不得不让人想起苏轼在被贬谪惠州时写下的千古名句："日啖荔枝三百颗，不辞长作岭南人"，岭南两广一带在宋时为蛮荒之地，苏轼被贬到如此遥远的地方，回归朝廷之日遥遥无期，在这种情况下，诗人却用荔枝的美味宽慰自己，难道他真的不想离开岭南，回到能实现自己抱负的朝堂吗？官运亨通只能成就一位名臣，挫折苦难却成就了一个伟大的文学家，苏轼能成为后世很多人倾慕的对象，与他超然豁达的生活态度密切相关。

石钟山记

创作背景

　　石钟山位于江西湖口。它的名字颇为奇怪,一座山为何会叫"石钟"呢?是因为它的形状像钟吗?还是因为它常常发出如钟声一样的声音?于此,北魏郦道元以及唐代李渤提出了自己的观点,但苏轼对这两种观点均持怀疑态度。元丰七年(1084)六月,苏轼由黄州启程前往汝州担任团练副使,顺便送长子苏迈到饶州德兴县任县尉,途经江西湖口,寻访了石钟山,找到了它命名的原因。让我们来读读作品原文,一起看看苏轼的结论是什么吧。

作品原文

　　《水经》云:"彭蠡(lí)之口,有石钟山焉。"郦元以为下临深潭,微风鼓浪,水石相搏,声如洪钟。是说也,人常疑之。今以钟磬(qìng)置水中,虽大风浪不能鸣也,而况石乎?至唐李渤始访其遗踪,得双石于潭上。扣而聆之,南

全文翻译

　　《水经》说:"鄱阳湖的湖口,有一座石钟山在那里。"郦道元认为石钟山下面靠近深潭,微风振动起波浪,水和石头互相拍打,发出的声音好像大钟一样。这个说法,人们常常怀疑它。如果把钟磬放在水中,即使有大风浪也不能使它发出声响,何况是石头呢?到了唐代,李渤才访求石钟山的旧址,在深潭边找到两块山石,敲击然后聆听它们的声音,南边那块石头声音

声函胡，北音清越，桴（fú）止响腾，余韵徐歇。自以为得之矣。然是说也，余尤疑之。石之铿然有声者，所在皆是也，而此独以"钟"名，何哉？

元丰七年六月丁丑，余自齐安舟行适临汝，而长子迈将赴饶之德兴尉，送之至湖口，因得观所谓"石钟"者。寺僧使小童持斧，于乱石间择其一二扣之，硿硿（kōng）焉，余固笑而不信也。至暮夜月明，独与迈乘小舟，至绝壁下。大石侧立千尺，如猛兽奇鬼，森然欲搏人；而山上栖鹘（hú），闻人声亦惊起，磔磔（zhé）云霄间；又有若老人咳且笑于山谷中者，或曰此鹳（guàn）鹤也。余方心动欲还，而大声发于水上，噌吰（chēng hóng）如钟鼓不绝。舟人大恐。徐而察之，则山下皆石穴罅（xià），不知其浅深，微波入焉，

模糊不清，北边那块石头声音清脆响亮，停下鼓槌，响声还在传播，余音很久才慢慢地消失。他自己认为找到了石钟山命名的原因。但是这个说法，我更加感到疑惑。敲击后能发出铿锵声响的石头，到处都是，可是只有这座山用"钟"来命名，为什么呢？

元丰七年六月初九，我从齐安坐船去临汝，大儿子苏迈将要到饶州的德兴县就任县尉，我送他到湖口，因而得以看到所说的石钟山。庙里的和尚让小童拿着斧头，在乱石中选一两处敲打它，硿硿地发出声响。我仍然笑着并不相信它。到了晚上月光明亮，我单独和苏迈坐着小船到绝壁之下。巨大的山石耸立着，有千尺之高，好像凶猛的野兽和奇异的鬼怪，阴森森的，想要攻击人；山上栖息的鹘鸟，听到人声也受惊飞起来，在云霄间发出磔磔的声音；又有像老人在山谷中咳嗽并且大笑的声音，有人说这是鹳鹤的声音。我正心惊想要回去，忽然从水上发出巨大的声音，响亮厚重的声音像不断地敲钟击鼓一样。船夫很惊恐。我慢慢地观察，山下都是石穴和缝隙，不知它们的深浅，细微的水波涌进那里面，水波激荡、波涛奔腾而发出这种声音。船回到两山之间，将要进入港口，有大石头正横挡在水的中央，上面可坐一百来人，中间是空的且有许多小孔，把风与水波吞进去又吐出

涵澹（dàn）澎湃而为此也。舟回至两山间，将入港口，有大石当中流，可坐百人，空中而多窍，与风水相吞吐，有窾坎镗鞳（kuǎn kǎn tāng tà）之声，与向之噌吰者相应，如乐作焉。因笑谓迈曰："汝识之乎？噌吰者，周景王之无射也；窾坎镗鞳者，魏庄子之歌钟也。古之人不余欺也！"

事不目见耳闻，而臆断其有无，可乎？郦元之所见闻，殆与余同，而言之不详；士大夫终不肯以小舟夜泊绝壁之下，故莫能知；而渔工水师虽知而不能言。此世所以不传也。而陋者乃以斧斤考击而求之，自以为得其实。余是以记之，盖叹郦元之简，而笑李渤之陋也。

来，发出窾坎镗鞳的声音，同先前噌吰的声音相应和，好像音乐演奏一样。于是我笑着对苏迈说："你知道吗？那噌吰的响声，像周景王无射钟的声音；窾坎镗鞳的响声，像魏庄子编钟的声音啊。古人没有欺骗我啊！"

任何事情不用眼睛看不用耳朵听，只凭主观臆断去判断它的有无，可以吗？郦道元所看到的、听到的大概和我一样，但是描述得不详细；士大夫终究不愿用小船在夜里停泊于悬崖绝壁之下，所以没有谁能知道；渔人和船夫虽然知道石钟山命名的真相却不能用文字记录下来，这就是"石钟山"得名由来没有流传于世的原因。然而浅陋的人竟然用斧头敲打石头来寻求得名的原因，自以为找到了它命名的真相。我因此记下此次游历的经过，叹惜郦道元记录的简略，嘲笑李渤见识的浅陋啊。

『文言积累』

〖文化小知识〗

《水经》与郦元

本文中的《水经》即为《水经注》,郦元即为郦道元。郦道元是北魏人,所著的《水经注》共四十卷,以《水经》一书为纲,详细记载了一千多条大小河流及与之相关的历史遗迹、人物掌故等,同时还记录了不少渔歌民谣、碑刻墨迹,在地理学和文学上都有很高的价值。

〖汉字小课堂〗

至暮夜月明,独与迈乘小舟,至绝壁下 / 士大夫终不肯以小舟夜泊绝壁之下

噌吰如钟鼓不绝

《说文解字》:"绝,断丝也",它的本义是截断丝。由截断丝引申出断绝义,"噌吰如钟鼓不绝"中的"绝"为断绝。由断绝引申出竭尽、穷尽义,如"江河山川绝而不流"(《淮南子·本经》)。后又引申出极、最的意思,"绝壁"就是极陡峭的崖壁。

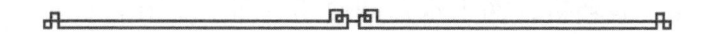

【实词加油站】

虽大风浪不能鸣也

"鸣"的意思是发出声响,整句话为"今以钟磬置水中,虽大风浪不能鸣也",现在将钟磬放置在水中,即使有大风浪也不能发出声响。那么,发出声响的应该是"钟磬","鸣"应翻译为"使……发出声响"。

余方心动欲还

"心动"的意思是心脏跳动、内心有所触动,而在"余方心动欲还"的语境中,"心动"的意思是内心惊恐,因为上文所写石钟山之夜景阴森恐怖。

【虚词积累库】

"而"在本文中的用法比较多样,在"空中而多窍"中为并列,可以翻译为而且,整句话译为"中间是空的且有许多小孔"。在"扣而聆之"的语境中,应该是先敲击然后聆听,这是具有先后关系的两个动作,"而"表顺承,可以翻译为然后,整句话翻译为:"敲击然后聆听它们的声音。"在"徐而察之"中,"徐"的意思是慢慢地,察是观察,"而"表修饰,整句话译为"慢慢地观察"。在"渔工水师虽知而不能言"的语境中,"而"表转折,渔工水师即使知道却不能用笔记录。

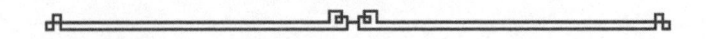

【句式精讲堂】

石之铿然有声者，所在皆是也

此句话中，"铿然"的意思是铿铿的样子，"是"为指示代词，翻译为"这"。整句话如果直接翻译，就是"石头铿铿有声音的，到处都是这样"。这不太符合现代汉语的表达习惯，也不符合语意。此话想说的实则是到处都是能发出铿铿声响的石头，"铿然有声"是用来修饰"石"的，充当定语，它在现代汉语中，本应置于"石"之前。因此，这句话是定语后置句。整句话译为"能发出铿铿声响的石头，到处都是"。

文本解读

本文看似只在考证石钟山这座山名的由来，实则在夹叙夹议中表达了作者这样的观点：凡事不能仅凭主观臆断就得出结论，应该对其进行实地考察、仔细探究。

本文第一段列举了前人两种代表性的观点，并逐一进行了评论。针对郦道元的结论，作者认为就算把钟磬置于有大风浪的水中，也不会发出声音，更别说石头了。而针对李渤的观点，作者直接指出能够发出铿锵之声的石头到处都是，这也不是石钟山之"钟"的原因。

接着第二段写自己探访石钟山的过程。先是庙里的小和尚用两块石头互相敲击以发出声响，这实则正是李渤观点的客观写照，由此，也可以看出这一观点得到了世人的广泛认可。但作者并未急于反驳小和尚，只是笑而不语。他特意在晚上带着苏迈一起对石钟山进行了仔细考察。作者用"猛兽奇鬼，森然欲搏人；而山上栖鹘，闻人声亦惊起，磔磔云霄间；又有若老人咳且笑于山谷中者，或曰此鹳鹤也"寥寥数语，便营造了一种阴森的氛围。正因环境如此，人们才不敢在此停驻细细观察，从而得知石钟山命名的真正原因。然而，要了解事实，总需经历一番波折。苏轼虽然当时亦"心动欲还"，却并未离开，最终发现了真相。正是因为有巨石横于水中，而石下孔穴甚多，在吞吐风水之时，石头才会发出"噌吰"与"窾坎镗鞳"之声。

最后，作者对此进行了总结：郦道元记录得过于简单，而一般士大夫又不能进行实地考察，水工船夫虽然知道真相，却不能用文字记录下来。这就是石钟山命名原因不能流传下来之所在。要正确判断一件事，必须深入实际，认真调查。没有调查，便无法得知真相。此文对治学等均具有借鉴意义。

前赤壁赋

创作背景

　　元丰二年（1079）八月，正在湖州任知州的苏轼被政治群小构陷，深陷"乌台诗案"，以诽谤朝廷的罪名被逮捕入京。在文坛上一路高歌又心怀天下、具有远大政治抱负的苏轼险些因"乌台诗案"丢了性命。

　　在从湖州一路押解上京途中，苏轼因怕牵连亲友，途经太湖和长江时，都曾想投水自杀，但由于看守严密而未成。抵京以后，苏轼在狱中待了一百余天，受审讯十多次，历经折磨。那时的苏轼一心求死，他觉得连累了家人，还曾托人给苏辙带去两首诗，其中有这样的句子："是处青山可埋骨，他时夜雨独伤神。与君世世为兄弟，又结来生未了因。"

　　后来，经多方营救，苏轼于当年十二月释放。虽然保住了性命，但却被贬谪为黄州团练副使，"不得签署公事，不得擅去安置所"，既无实权，又无行动上的自由。苏轼在黄州时，薪俸锐减，生活极端贫困，而且深感寂寞、孤独，"平生亲友，无一字见及，有书与之亦不答，自幸庶几免矣"。（苏轼《答李端叔书》）平生所交亲友，无人给他写信，写给朋友的信也没有得到回应，苏轼庆幸自己差不多可以不用与人交往了。到了第二年，他的储蓄用尽，更加贫困，所幸在朋友帮助下，开垦数十亩地，命名为"东坡"，并自号为"东坡居士"，开始了他"自稼躬耕"的农人生活。大家称苏轼为苏东坡，就是从这时开始的。

《前赤壁赋》写于元丰五年的七月,即苏轼被贬黄州的第三年。此时苏轼的心理状态又如何呢?让我们一起看看这篇被称为"绝唱"的散文,走进苏轼的内心世界吧。

作品原文

壬戌之秋,七月既望,苏子与客泛舟游于赤壁之下。清风徐来,水波不兴。举酒属(zhǔ)客,诵明月之诗,歌窈(yǎo)窕(tiǎo)之章。少(shǎo)焉,月出于东山之上,徘徊于斗牛之间。白露横江,水光接天。纵一苇之所如,凌万顷之茫然。浩浩乎如冯(píng)虚御风,而不知其所止;飘飘乎如遗世独立,羽化而登仙。

于是饮酒乐甚,扣舷而歌之。歌曰:"桂棹(zhào)兮兰桨,击空明兮溯(sù)流光。渺渺兮予怀,望美人兮天一方。"客有吹洞箫者,倚歌而和(hè)之。其声呜呜然,如怨

全文翻译

壬戌年秋天,七月十六日,苏子与客人在赤壁下泛舟游玩。清风缓缓拂来,水面波澜不起。举起酒杯向客人劝酒,吟诵与明月相关的诗句,吟唱《诗经·陈风·月出》"月出皎兮,佼人僚兮,舒窈纠兮"的乐曲。不多时,明月从东山升起,在斗宿与牛宿之间盘桓。白茫茫的雾气充满江面,水光连接着天际。任凭小船在江面上漂荡,越过苍茫的万顷江面。江面浩大无边的样子,好像腾空驾风而行,并不知道在哪里停栖,飘舞翩跹,仿佛要遗弃尘世,自由自在,羽化成仙。

这时喝酒喝得十分高兴,用手叩击着船舷,应声高歌。歌中唱道:"用桂木做船棹啊用香兰做桨,划开明澈的月色啊逆着逆流而上的水光。悠远啊我的心怀,我思念的美人啊在天的那一方。"吹起洞箫的客人,随着歌声伴和。那洞箫声呜呜

如慕，如泣如诉，余音袅袅（niǎo），不绝如缕。舞幽壑之潜蛟（jiāo），泣孤舟之嫠（lí）妇。

苏子愀（qiǎo）然，正襟危坐而问客曰："何为其然也？"客曰："月明星稀，乌鹊南飞，此非曹孟德之诗乎？西望夏口，东望武昌，山川相缪（liáo），郁乎苍苍，此非孟德之困于周郎者乎？方其破荆州，下江陵，顺流而东也，舳（zhú）舻（lú）千里，旌（jīng）旗蔽空，酾（shī）酒临江，横槊（shuò）赋诗，固一世之雄也；而今安在哉？况吾与子渔樵于江渚（zhǔ）之上，侣鱼虾而友麋（mí）鹿，驾一叶之扁舟，举匏（páo）樽以相属（zhǔ）。寄蜉蝣于天地，渺沧海之一粟。哀吾生之须臾，羡长江之无穷。挟飞仙以遨游，抱明月而长终。知不可乎骤得，托遗响于悲风。"

苏子曰："客亦知夫水与月乎？逝者如斯，而未尝往也；盈虚者如

的样子，如怨恨如倾慕，像啜泣也像低诉，余音婉转悠长，如丝线一般缭绕不绝。能让深谷中的蛟龙为之起舞，让孤舟上的寡妇为之饮泣。

苏子的神色也忧愁起来，整理衣襟端正坐着，问客人："箫声为什么这样呢？"客人回答："'月明星稀，乌鹊南飞'，这不是曹公孟德的诗吗？在这里向东可以望到夏口，向西可以望到武昌，山川相接连绵不绝，草木茂盛苍翠。这不正是曹孟德被周瑜所困的地方吗？当初他攻陷荆州，夺得江陵，沿长江顺流东下，战船延绵千里，旌旗遮蔽了天空，临江斟酒而饮，手持长矛吟诗作赋，本来是一世的英雄人物，而现在又在哪里呢？何况我与你在江边的小洲上打鱼砍柴，与鱼虾做伴，和麋鹿做朋友，驾着一叶小舟，举起杯盏相互敬酒。如同蜉蝣置身于天地中，渺小得像沧海中的一粒粟米。哀叹我们的生命只是短暂的片刻，羡慕长江的无穷无尽。希望与仙人一起遨游，与明月相拥而万古长存。知道这些不能一下子实现，只得将遗恨寄托在悲凉的秋风中。"

苏子道："你也知道这水与月吗？流逝的就像这水，而从来没有消失。满与缺的就像那

彼，而卒莫消长也。盖将自其变者而观之，则天地曾不能以一瞬。自其不变者而观之，则物与我皆无尽也，而又何羡乎？且夫天地之间，物各有主，苟非吾之所有，虽一毫而莫取。惟江上之清风，与山间之明月，耳得之而为声，目遇之而成色，取之无禁，用之不竭。是造物者之无尽藏（zàng）也，而吾与子之所共适。"

客喜而笑，洗盏更酌。肴核既尽，杯盘狼藉（jí）。相与枕藉（jiè）乎舟中，不知东方之既白。

月亮，而终究没有增减。大概从事物变化的一面来看，天地间竟然没有一瞬间不发生变化；从事物不变的一面来看，那么万物与我都无穷无尽。又羡慕什么呢？再说天地之间，物各有自己的归属，若不是自己拥有的，即便一分一毫也不求取。只有江上的清风，以及山间的明月，耳朵听到了，便成为声音；眼睛看见了，便成为图画，取用这些不会有人来禁止，使用它们也不会用完。这是造物者无穷的宝藏，是你和我共同享用的。"

客人高兴地笑了，洗净酒杯，重新斟酒。菜肴和果品都已吃完，杯子盘子十分杂乱，互相枕着靠着在船上睡着，不知不觉东方已经泛白。

『文言积累』

〖文化小知识〗

前赤壁赋

"赋"是一种文体，最早产生于汉代，它的特点是将韵文与散文相结合，擅长铺排，著名的汉赋大家有司马相如、杨雄、贾谊等。文赋是中唐以后产生的一种散文化的赋体，与汉赋相比，它不刻意追求对偶、声律等，句式错落多变，甚至大量运用散文句式。

前赤壁賦

【汉字小课堂】

白露<u>横</u>江，水光接天
<u>横</u>槊赋诗

《说文·木部》："横，木阑也。""横"的本义是横向的挡门的门闩，由此又引申出横竖、横逆两个意思。由横竖之义引申出把物体放在手中横着或拿着之义，由横逆又引申出充满义。

"白露横江，水光接天"一句中"横"理解为"充满"更合适，整句话写出了初秋时节，在月光的照耀之下，江面被一片白露笼罩，月光与水一直绵延到天际，天地之间一片浩渺。这样的美景与苏轼此时的心境与状态相合。

"横槊赋诗"中的"横"在《古代汉语词典》中翻译为"把物体横过来放着或拿着"，将其译为"把物体横过来放着"比"拿着"似乎更合适。这个句子中，"槊"本是一种重型武器，锋刃极长，在"横槊赋诗"这个语境中，将"横"翻译为"把物体横过来拿着"更能凸显曹操的英雄气势。在这一段中，苏轼极尽铺排夸张，写曹操"破荆州，下江陵，顺流而东也，舳舻千里，旌旗蔽空，酾酒临江，横槊赋诗"，连用"破""下""蔽""横"等都是为了凸显曹操势如破竹的英雄气概，因此作者用"一世之雄"来评价他。然而，即使是这样的英雄人物，最终也被大浪淘尽，无处寻觅，只落得"而今安在"的结局。更何况普通人呢？于是客子由此生发出生命短暂、报国无门的感慨。

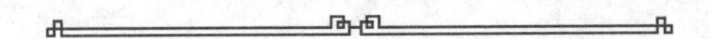

【实词加油站】

浩浩乎如冯虚御风

"冯虚御风"的意思是凌空驾风而行,"虚"是太空,"御"是驾,而"冯"同"凭",意为乘。

而吾与子之所共适

"适"最基本的意思有:切合、相合,如"适合";舒服,如"舒适";刚巧,如"适中";往、归,如"无所适从"等。在"而吾与子之所共适"的语境中,该做何解呢?这一句的上一句是"是造物者之无尽藏也",这是造物者的无尽的宝藏,"而吾与子之所共适"是我和你共同享有的。"适"在这个句子中就有"享有""享受"之义。

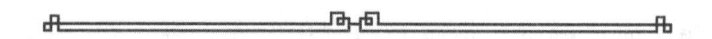

【虚词积累库】

"之"在文中是一个非常常见的虚词,它可以是一个代词,翻译为"它",如"倚歌而和之"中的"之"指代的是歌声;"取之无禁,用之不竭"中的"之"指的是"江上之清风,山间之明月"。还可以用作结构助词,翻译为"的",如"壬戌之秋"可以译为"壬戌这一年的秋天";"羡长江之无穷"译为"羡慕长江的无穷无尽"。还可以是取消句子独立性的助词,如"此非孟德之困于周郎者乎""不知东方之既白"的"之",这种用法的"之"不用翻译。

【句式精讲堂】

客有吹洞箫者，倚歌而和之

　　这个句子前后有两个小句，"倚歌而和之"这个动作的主语是"客有吹洞箫者"。那么，"客有吹洞箫者"就不能直接翻译为：客人，有一个吹洞箫的人。语序应调整为"……的客人"再放入整个大句中，才符合现代汉语的表达习惯。"吹洞箫"实则是限定"客"的，是要特指吹洞箫的客人，而不是其他客人。因此，"吹洞箫"是"客"的定语，在翻译成现代汉语时，它应放在"客"之前。但在"客有吹洞箫者"中，它放在了"客"之后，这就是一个定语后置句。

『文本解读』

　　苏轼的《前赤壁赋》情感是由"乐"至"悲"最后转"喜"的，他的情感为何会发生这样的变化呢？

　　第一段主要写了苏子与客在赤壁之下泛舟、吟咏诗句、欣赏美景之事。既写出了水月之美，也写了宴游之乐。作者借"清风徐来""水波不兴""月出于东山之上，徘徊于斗牛之间"营造了一种宁静幽美的氛围，写出了苏子与客悠然自得的状态；接着，作者写"白露横江""水光接天""凌万顷之茫然""浩浩乎如冯虚御风"等又写出了江面之浩瀚澄澈，在此景之下，苏子与客产生了"飘飘乎如遗世独立，羽化而登仙"的超然物外、忘怀得失的情绪。加之，还有美酒、朋友为伴，自然就"乐甚"了。

但在如此快乐的情形下，客人却由乐转悲，演奏出如怨如慕、如泣如诉的音乐，以至于幽壑的潜蛟、孤舟的寡妇都被触动了。第三段中，客人从眼前之水月想到了赤壁之战前，曹操"破荆州，下江陵，顺流而东""酾酒临江，横槊赋诗"，真乃一世之英雄啊。然而这样的人，最终也被大浪淘尽，随着时间的流逝而没有了踪迹。何况如我们这样渔樵于江渚之上的普通人呢？客子正是借曹操表达了自己功业无成的苦闷。接着客子说自己就像沧海之一粟、天地之蜉蝣一样，生命短暂，正是因为如此短暂，更加重了功业未成的忧愁情绪。此情此景之下，该如何消解这样的情绪呢？可以"挟飞仙以遨游，抱明月而长终"，期待与仙人遨游，与明月相伴至永远。但即便是这样，也很难实现，不可以"骤得"，于是只能将自己悲伤的情绪寄托在这凄凉的箫声中了。

客子为何会如此感伤呢？第二段中，苏子所唱之歌为"桂棹兮兰桨，击空明兮溯流光。渺渺兮予怀，望美人兮天一方"。自屈原以后，桂树、兰木等便成为文人高洁品质的象征，在空明澄澈的水月之境中，苏子所想的"美人"却远在天边。苏子真的是在想"美人"吗？实则不是，"美人"在中国古典诗文中，经常代表的是美好的理想。那苏子的理想是什么？"乌台诗案"之前，很显然是报国为民、建功立业，然而这理想却只能在天的另一边，无法实现，痛苦便油然而生了。

最后，客子为何会转悲为喜呢？因为苏子对客子说了一番话。按人的标准看万物，水月永恒，蜉蝣短暂。按月的标准看万物，蜉蝣、人都短暂。按蜉蝣的标准看万物，水月、人永恒。

既然如此，怎样才能实现人生的完满？从道家的思想来看，应该秉持"生命平等，顺其自然"的观点。况且"物各有主，苟非吾之所有，虽一毫而莫取"，应以佛家的平常心来观照万物。最后既然江上之清风，山间之明月等是造物者无尽的宝藏，因此，我们可以寄情于山水，把握生命中的美好，享受当下之圆满。

　　苏轼因为儒家而希望积极入世，又因仕途不顺而饱受打击、悲伤痛苦，但又用佛教、道家的思想开解自己，最终将眼光投注于广阔的自然山水。他的视野越来越开阔，心胸亦越来越豁达。最终而至"喜而笑"，这里的"喜"与之前的"乐"相比，不再是无意识的、自发的快乐，而是自觉的、觉醒后的快乐，从物我之无尽中，化困为通。

　　这里还有一个问题，伤心的是客子还是苏轼？苏轼所写的《前赤壁赋》实则借鉴了汉大赋"主客问答"的形式，汉大赋中的"客"往往就是作者自己。而《前赤壁赋》中客人呜咽低回的箫声、内心伤感的情感正与苏轼当时之处境相合。一朝从云端而跌落至谷底的苏轼在佛、道思想中，在黄州的山水中走向了豁达，走向了更高的生命境界。

后赤壁赋

创作背景

《后赤壁赋》为《前赤壁赋》的姊妹篇，此文创作于《前赤壁赋》的三个月后，即元丰五年（1082）十月。《前赤壁赋》主要是由赤壁之秋景而及苏轼的内心世界，《后赤壁赋》写的是冬天的赤壁，此文与《前赤壁赋》除了景致不同，还有什么区别？吴楚材、吴调侯认为前篇主要是写实情实景，而后文则多为幻境幻想，"前篇写实情实景，从'乐'字领出歌来；此篇作幻境幻想，从'乐'字领出叹来。一路奇情逸致，相逼而出，与前赋同一机轴，而无一笔相似"。并且指出《后赤壁赋》中的鹤、道士等均非真实存在的，"岂惟无鹤无道士，并无鱼，并无酒，并无客，并无类壁，只有一片光明空阔"。

让我们一起读一读这篇作品的原文吧，看看时隔三月，苏轼的心境发生变化了没有。

作品原文

是岁十月之望，步自雪堂，将归于临皋（gāo）。二客从予过黄泥之坂。霜露既降，木叶尽脱，人影在地，仰见明月，顾而乐之，行歌

全文翻译

这一年十月十五日，我从雪堂步行出来，准备回临皋亭。有两位客人跟随着我，经过黄泥坂。这时霜露已经降下，树叶全部掉落。我们的身影倒映在地上，抬头望见明月。主客相顾而笑，心里十分快

相答。

已而叹曰："有客无酒，有酒无肴，月白风清，如此良夜何！"客曰："今者薄暮，举网得鱼，巨口细鳞，状如松江之鲈。顾安所得酒乎？"归而谋诸妇。妇曰："我有斗酒，藏之久矣，以待子不时之需。"

于是携酒与鱼，复游于赤壁之下。江流有声，断岸千尺。山高月小，水落石出。曾日月之几何，而江山不可复识矣！予乃摄衣而上，履巉（chán）岩，披蒙茸，踞（jù）虎豹，登虬（qiú）龙，攀栖鹘之危巢，俯冯夷之幽宫。盖二客不能从焉。划然长啸，草木震动，山鸣谷应，风起水涌。予亦悄然而悲，肃然而恐，凛乎其不可留也。反而登舟，放乎中流，听其所止而休焉。时夜将半，四顾寂寥。适有孤鹤，横江东来。翅如车轮，玄裳缟

乐，一面走一面吟歌，相互应和。

过了一会儿，我叹惜地说："有客人却没有酒，有酒却没有菜肴。月色皎洁，晚风轻拂，这样美好的夜晚，我们怎么消受呢？"一位客人说："今天傍晚，我撒网捕到了一条鱼，嘴大鳞细，形状就像松江的鲈鱼。只是，到哪里去弄酒呢？"我回家和妻子商量。妻子说："我有一斗酒，保藏了很久，为了应付你随时的需要。"

就这样，带着酒和鱼，再次到赤壁下面游览。江流发出声响，江岸峭壁陡立，高达千尺，山峦很高，月亮显得很小，水位降低，礁石显露出来。与上次游览相隔的日子才多少，所见的江山之色再也认不出来了！我就撩起衣襟登岸，踏着险峻的山岩，拨开丛生的野草，蹲在像虎豹一样的怪石上，又登上形如虬龙的树枝。攀上鹘鸟在悬崖上的巢穴，下望水神冯夷的深宫。两位客人都没有跟着我到这个地方。我撮口大声地长啸，草木被震动，高山共鸣山谷响应，大风刮起，波涛汹涌。我也不禁感到忧愁悲哀，紧张恐惧，寒风凛冽，令人畏惧，片刻不敢停留。回到船上，把船划到江心，任凭船漂流到哪里就停泊在哪里。这时快到半夜，四周看看，觉得十分冷清寂寞。正好有一只鹤，横穿江面从东边飞来，翅膀像车轮一样大，黑裙白衣，它嘎嘎地拉长声音鸣叫，掠过我们的

（gǎo）衣，戛然长鸣，掠予舟而西也。

须臾客去，予亦就睡。梦一道士，羽衣翩（pián）跹（xiān），过临皋之下，揖（yī）予而言曰："赤壁之游乐乎？"问其姓名，俯（fǔ）而不答。呜呼噫嘻！我知之矣。"畴（chóu）昔之夜，飞鸣而过我者，非子也邪？"道士顾笑，予亦惊寤（wù）。开户视之，不见其处。

船向西飞去。

过了会儿，客人离开了，我也就枕而眠。梦见一位道士，穿着羽毛织成的衣裳，飘然轻捷的样子，走过临皋亭的下面，向我拱手作揖说："赤壁的游览快乐吗？"我问他的姓名，他低头不语。噢！哎呀！我知道他是谁了。"昨天夜晚，边飞边叫着从我这儿经过的，不是你吗？"道士回头笑了笑，我也忽然惊醒。开门一看，却看不到他在什么地方了。

『文言积累』

【文化小知识】

是岁十月之望

"望"即农历每月十五日，即月圆之时。《前赤壁赋》"壬戌之秋，七月既望"中的"既望"就是已经过了望日，也就是十五的后一天，每月十六。除了"望""既望"，每个月的初一和最后一天的名称，也应该关注。"晦"是每个月的最后一天，"朔"为第一天。《逍遥游》中写的"朝菌不知晦朔"就是指朝生暮死的菌类并不知道月有阴晴圆缺，生命非常短暂。

【汉字小课堂】

时夜将半,四顾寂寥

顾而乐之

道士顾笑

顾安所得酒乎

《说文解字》:"顾,还视也。"指回头看,又指转头看,或向后、向四周看。"四顾寂寥"中的"顾"就是向四周看,"顾而乐之"的"顾"是转头看,而"道士顾笑"中的"顾"是回头看。三句话可以翻译为"四周看看,觉得非常冷清寂寥""主客相顾而笑""道士回头笑"。"顾"后来又可以用作连词,表示轻微转折,翻译为只是、不过,"顾安所得酒乎"中的"顾"就是此义,整句话翻译为"只是,到哪里去弄酒呢"。

【实词加油站】

反而登舟,放乎中流,听其所止而休焉

"听"的本义是用耳朵接收声音,后又引申出顺从、任凭等意思,前者如"言听计从",后者如"听凭""听之任之"。在"听其所止而休焉"的语境中,"听"的意思应该是"听凭",整句话可以翻译为"任凭船漂流到哪里就停泊在哪里"。

攀栖鹘之危巢

"危"在现代汉语中最常见的意思是不安全,如"危险"。但实则"不安全"是"危"的引申义。"危"的本义是在高处而畏惧。在"危巢"这个语境中,"危"应该理解为"高","危楼高百尺"(《夜宿山寺》)中的"危楼"不是危险的楼,而是高楼。

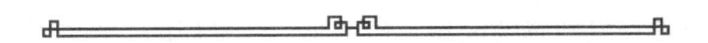

【虚词积累库】

"之"在本文是一个常见的虚词,它可以是一个代词,如"开户视之""我知之矣"中的"之"翻译为"他",指的是道士。它还可以是结构助词,翻译为"的",如"是岁十月之望""二客从予过黄泥之坂""状如松江之鲈""复游于赤壁之下""俯冯夷之幽宫"等中的"之"。"顾而乐之"就是"回头笑",中间的"之"是衬字,不用翻译。

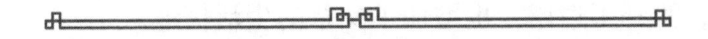

【句式精讲堂】

复游于赤壁之下

"复"的意思是"又","游"是"游览","复游于赤壁之下"如果直接翻译,就是又游览在赤壁之下,不符合现代汉语语序。因此,翻译时应该调整语序,变为"又在赤壁之下游览","于赤壁之下"是"游"

的状语，在现代汉语中应该放在谓语动词之前，而现在放在了它的后面，那么，这个句子就是状语后置句。

『文本解读』

我们可以用解读《前赤壁赋》的方法来解读《后赤壁赋》，先找一找作品中直接抒发情感的词句，包括第一段最后的"顾而乐之"，第二段开头"已而叹曰"，第三段中间的"悄然而悲，肃然而恐"。由此可知，文中的情感是富于变化的，这一点与《前赤壁赋》相同。不同的是，本文最后一段的情感，作者并未明说，不似《前赤壁赋》中的"喜而笑"，需要根据前后文情境进行推导。本文重在写景记游，《前赤壁赋》则偏重于阐述由赏景游记而引发的思想情感。

最初因为有客一同欣赏美景，还能"行歌相答"，既有良辰美景，又为赏心乐事，因此"我"的内心十分畅快。接着因为"有客无酒""有酒无肴"而略带遗憾，客人拿出所捕之鱼，而"我"回家与妻子商量，得到美酒，弥补了遗憾，也增加了文章的生活情趣。

第三段是全文的重点。先写主客一起欣赏江流之声，看千尺断崖，赏山高月小、水落石出，点明了季节转换带来的赤壁风景的变化，由此产生"江山不可复识"的感慨。正因水落石出，"我"才一个人于夜间"摄衣而上"，开始登山。奇异壮阔之景，令人心胸开阔，也让"我"长啸起来，使得草木震动，风起云涌。然而，独自一人面对寒冷寂静、安谧清幽的山川，"我"不禁悲从中来，产生了凄清之情、忧惧之心，最终"我"不得不返回舟中。然而时至夜半，舟中亦寂寥，恰有一只鹤黑裙白衣、长鸣而去。

当天晚上,"我"梦见一羽衣蹁跹的道士,而此道士竟然是掠舟远去的那只鹤。当"我"惊醒后,开窗寻找,那道士早已不见踪迹,遍寻不着了。已因登山而起的孤寂之情至此更添了几分怅然。

因"乌台诗案"被贬谪黄州的苏轼原本就很寂寥、苦闷,想在自然山水中寻求解脱,却在独自一人登至高处后内心凄凉忧惧,更加寂寞悲苦。文章最后一段将"我"与鹤、道士联系起来,实则暗示了苏轼在思想上已倾向于超尘绝世。但是文章结尾"我"却未能再找到道士,不禁让我们产生这样的联想,苏轼的前途又在何方呢?

专题链接

《前赤壁赋》文章的最后,苏轼走向了豁达,《后赤壁赋》表达了苏轼超尘脱俗的人生追求。但两篇文章感伤的情绪非常明显,这也可以看出苏轼经历"乌台诗案"之后内心世界的复杂。想建功立业又报国无门,想超脱又不甘心超脱。消极退隐和积极进取,愤世嫉俗与寄情山水的双重情绪交织于内心,在与世无争的思想后面,流露出不甘妥协的积极精神和傲然独立、超尘绝世的旷达情怀。

专题：苏轼的赤壁情结

苏轼是后世读书人仰慕的对象，他独立的人格、豁达的胸襟、斐然的才华等都足以成为一代代文人的偶像。

而提到苏轼的诗文，《前赤壁赋》《后赤壁赋》《念奴娇·赤壁怀古》是无法绕开的。当我们高声诵读"大江东去"时，苏轼傲立江畔的身姿便会浮现于眼前。这三首诗文都与一个地点有关，那就是黄州赤壁。苏轼为什么这么喜欢游览甚至夜游赤壁呢？赤壁之于他，又有何意义？

苏轼在《自题金山画像》这一首诗中，写下如下诗句"问汝平生功业，黄州惠州儋州"。黄州就是第一个地点，苏轼在黄州创作的最有名的诗文，便是与赤壁有关的这一组。这一组诗文均创作于元丰五年（1082），这时的苏轼政治上失意，行动上不自由，生活困窘，心情极其寂寞苦闷。

受到"乌台诗案"的影响，居住于黄州的苏轼内心发生了深刻的变化，生活清苦恬淡，常常与和尚为友，同渔夫杂处，自耕自足，与回归田园的陶渊明有几分相似。苏轼亦曾将陶渊明奉为崇拜的对象，正是因为苏轼的推崇，后世文人对陶渊明的作品才有了更多的关注。

然而，苏轼不是甘心田园躬耕之人，他内心一直处于渴望建功立业与超尘脱俗的矛盾情绪之中。因此，赤壁也成为他寄托情感的很好对象。无论这里的赤壁是否真是发生赤壁之战的地方（有学者指出此处并非赤壁之战发生之处，认为苏轼怀古怀错了地方），仅"赤壁"二字就足以引发苏轼怀古的幽情。多少英雄豪杰曾在赤壁留下了自己的名字，有秉"周公吐哺，天下归心"之志却功败垂成的曹操，有谈笑间便能力克曹军的年轻儒将周瑜……苏轼渴望成为他们，但却无法成为他们。因此，赤壁的山水勾起了他对这些英雄人物的怀念，他触景生情，倾吐了自己对这些人物的崇敬与赞美，借此表达出自己建功立业的壮志。但他的壮志却无法得到施展，只好用佛家与道家的思想来开解自己，让自己走进自然山水，在清风明月中获得心灵的救赎。赤壁两岸林立的崖壁，滔滔的长江山水，月色下澄澈宽广的江面，或壮美广阔，或宁静美好……苏轼面对永不停歇的长江，侧立千尺的峭壁，产生关于生命的哲思。而喜爱夜游赤壁这一点，实则也能看出苏轼的孤独与寂寞，他在文中虽然写有客人同游，但那可能只是苏轼借汉赋的"主客问答"的创作形式而已。夜游的苏轼是寂寞的，是辗转反侧不得入眠的，宁静的江水将其思绪牵引到遥远之处。

　　黄州成就了苏轼，让他写下了前后《赤壁赋》《念奴娇·赤壁怀古》等名篇。苏轼也成就了黄州，没有苏轼，黄州的这一片景致也无人得知。余秋雨认为苏轼在黄州变得更加成熟，由以前的才华外露到更加清纯、空灵，能重新审视自己的价值，是一种真正的成熟。

苏 辙

苏辙(1039—1112),字子由,眉山(今四川眉山)人。宋仁宗嘉祐二年(1057)与哥哥苏轼同中进士,曾任尚书右丞、御史中丞等,谥号"文定"。与其父苏洵、其兄苏轼合称为"三苏",为"唐宋八大家"之一,有《栾城集》传世。

六国论

创作背景

苏洵、苏轼、苏辙三父子都共同讨论过战国时期齐国、楚国、燕国、赵国、魏国和韩国六个国家为何相继被秦国覆灭的问题,三篇文章各有特色。而流传最广的当数苏洵的《六国论》了,因为它被选入了高中语文教材,是古代议论文的典范之作。苏洵在《六国论》中提出六国灭亡的根本原因是"赂秦"(贿赂秦国),以讽喻当时北宋朝廷对辽、西夏的苟安政策,告诫北宋统治者吸取历史教训,以免重蹈历史之覆辙。那么,苏辙在《六国论》中又提出了什么观点呢?让我们一起来看看这篇作品的原文吧。

作品原文

尝读六国世家,窃怪天下之诸侯,以五倍之地、十倍之众,发愤西向,以攻山西千里之秦,而不免于灭亡。常为之深思远虑,以为必有可以自安之计,盖未尝不咎其当时之士,虑患之疏,而见利之浅,

全文翻译

我曾经读过《史记》中六国世家的故事,内心里奇怪天下的诸侯,凭着五倍于秦国的土地、十倍的军队,来攻打崤山西边方圆千里的秦国,却免不了灭亡。我常为这件事深入而周密地思考,认为一定有能够用来自求安定的计策,因此我未尝不责怪那时候的一些谋臣,考虑忧患这般粗浅,图谋利益那么肤浅,而且不了解天下的情势。

且不知天下之势也。

夫秦之所以与诸侯争天下者，不在齐、楚、燕、赵也，而在韩、魏之郊；诸侯之所与秦争天下者，不在齐、楚、燕、赵也，而在韩、魏之野。秦之有韩、魏，譬如人之有腹心之疾也。韩、魏塞秦之冲，而蔽山东之诸侯，故夫天下之所重者，莫如韩、魏也。昔者范雎用于秦而收韩，商鞅用于秦而收魏，昭王未得韩、魏之心，而出兵以攻齐之刚、寿，而范雎以为忧，然则秦之所忌者可以见矣。

秦之用兵于燕、赵，秦之危事也。越韩过魏，而攻人之国都，燕、赵拒之于前，而韩、魏乘之于后，此危道也。而秦之攻燕、赵，未尝有韩、魏之忧，则韩、魏之附秦故也。夫韩、魏诸侯之障，而使秦人得出入于其间，此岂知天下之势耶？委区区之韩、魏，以当强虎

秦国要和诸侯争夺天下的地区，不是在齐、楚、燕、赵等，而是在韩、魏的境内；诸侯要和秦国争夺天下的地区，也不是在齐、楚、燕、赵，而是在韩、魏的境内。秦国有韩、魏，就好比人有心腹的疾病一样。韩、魏两国阻碍了秦国出入的要道，却掩护着崤山东边的诸侯国，所以天下特别看重的地区，没有比得上韩、魏的。从前范雎被秦国重用，就建议收服韩国，商鞅被秦国重用，就建议收服魏国。秦昭王没有获得韩、魏的归心，却出兵去攻打齐国的刚、寿一带，范雎就为之感到忧虑。既然这样，那么，秦国所忌惮的，就可以看得出来了。

秦国对燕、赵两国用兵，对秦国是危险的事情。越过韩、魏两国，去攻打人家的国都，燕、赵在前面抵挡，韩、魏从后面偷袭它，这是危险的用兵之道啊。可是秦国攻打燕、赵时，不曾有韩、魏的顾虑，就是因为韩、魏归附了秦国啊。韩、魏是诸侯各国的屏障，却让秦国人能够进出自如，这难道是了解天下的情势吗？放弃小小的韩、魏两国，去抵挡像虎狼一样强暴的秦国，他们怎能不屈服而归于秦国呢？韩、魏屈服而归向秦国，这样之后秦人就可以出动军队直达东边各国，然后让全天下都遭受到它的祸害。

韩、魏不能单独抵挡秦国，可

狼之秦，彼安得不折而入于秦哉？韩、魏折而入于秦，然后秦人得通其兵于东诸侯，而使天下遍受其祸。

夫韩、魏不能独当秦，而天下之诸侯藉之以蔽其西，故莫如厚韩亲魏以摈（bìn）秦。秦人不敢逾韩、魏以窥齐、楚、燕、赵之国，而齐、楚、燕、赵之国，因得以自完于其间矣。以四无事之国，佐当寇之韩、魏，使韩、魏无东顾之忧，而为天下出身以当秦兵。以二国委秦，而四国休息于内，以阴助其急，若此可以应夫无穷，彼秦者将何为哉？不知出此，而乃贪疆埸（yì）尺寸之利，背盟败约，以自相屠灭，秦兵未出，而天下诸侯已自困矣。至于秦人得伺其隙以取其国，可不悲哉！

是全天下的诸侯却可以靠着他们去遮蔽西边的秦国，因此不如亲近韩、魏来抵御秦国。秦国人不敢跨越韩、魏来图谋齐、楚、燕、赵四国，然后齐、楚、燕、赵四国，也就因此能够在他们的领域内保全自己的国家了。凭借四个没有战事的国家，协助面临敌寇威胁的韩、魏两国，让韩、魏没有防备东边各国的后顾之忧，为天下挺身而出来抵挡秦军。用韩、魏两国对付秦国，其余四国在后方休养生息，来暗中帮助解决他们的急难，像这样就可以源源不绝地应付了，那秦国将能做什么呢？诸侯们不知道要实行这种策略，却只贪图边境上尺寸之地的小利，违背盟誓、毁弃约定，来互相残杀，秦军还没出动，天下的诸侯就已经困住自己了。直到秦人能够趁虚而入来吞并他们的国家，怎不令人悲哀啊！

文言积累

文化小知识

以攻山西千里之秦
韩、魏塞秦之冲，而蔽山东之诸侯

在阅读与战国、秦朝有关的历史文献时，常会碰到"山东""山西""关中"这样的地名。这里的"山"指的是崤山，秦国在崤山以西，因此，与它对应的齐、楚、燕、赵、韩、魏六国就是山东诸国，在贾谊的《过秦论》中亦有相同的表述。而这里的"关"指的是函谷关，秦国地处函谷关中，那片土地也被称为关中之地。刘邦与项羽争夺天下之时，楚怀王与诸侯相约"先入关者为王"，这里的"关"指的就是函谷关。后来刘邦先入关中，并与百姓"约法三章"，为他最后夺取天下奠定了良好的群众基础。

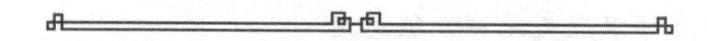

汉字小课堂

委区区之韩、魏，以当强虎狼之秦
以二国委秦，而四国休息于内

在"委区区之韩、魏"的语境中，"委"意为放弃，而在"以二国委秦"中，"委"为对付。"对付"应是"委"的"托付、把事情交给人办"这个意思在"以二国委秦"句中的语境义。但"放弃"与"托付、把事情交给人办"这两者差别很大,为什么会这样呢?"委"的本义是积储粮食,如"委积膳献"(《周礼·天官·宰夫》)中的"委积"就是此义。由积储粮食引申为一般的堆积,后又由堆积引申为交付、托付,而托付、推诿于他人,从自己的角度讲就是放弃、舍弃、抛弃,因此又引申出放弃义。

【实词加油站】

窃怪天下之诸侯,以五倍之地
阴助其急

"窃"最常见的意思是偷窃,这也是它的本义。后来引申出私下、私自的意思,多用作自谦之词,如"窃爱怜之"(《触龙说赵太后》)。"窃怪天下诸侯,以五倍之地"的语境中,"窃"也是私下的意思。古文中表示私下意思的词语较多,最常见的有"窃""阴""私","阴助其急"的"阴"即为此义,"荆轲知太子不忍,乃遂私见樊於期"(《战国策·燕策》)中的"私"也是这个意思。

盖未尝不咎其当时之士

现代汉语中有"咎由自取""既往不咎""动辄得咎"等成语,这其中"咎"的意思是责怪、责备。在"盖未尝不咎其当时之士"这个句子中,"咎"亦为责怪。

【虚词积累库】

以五倍之地、十倍之众，发愤西向，**以**攻山西千里之秦

昭王未得韩、魏之心，而出兵**以**攻齐之刚、寿

常为之深思远虑，**以为**必有可以自安之计

"以"在古文中有多种用法，在"以五倍之地"中，"以"是介词，翻译为"凭借"。在"以攻山西千里之秦"和"而出兵以攻齐之刚、寿"中，"以"是表目的的连词，翻译为"来"。"以为必有可以自安之计"中的"以为"是一个固定搭配，可以翻译为"认为"。

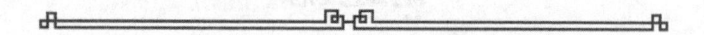

【句式精讲堂】

昔者范雎用于秦而收韩，商鞅用于秦而收魏

"昔者范雎用于秦""商鞅用于秦"这两个句子的意思是过去范雎为秦所用、商鞅为秦所用，是被动句，"于"可以翻译为"被"或"为……所"。在文言文中，"被"通常是一个动词，表示覆盖、遮盖或是遭受义，不用来表被动。用于表被动的常常是"于""为所""见"等，如"信而见疑，忠而被谤"（《史记·屈原贾生列传》）中的"被"就是遭受义，整句话翻译为"诚信而被怀疑，尽忠却遭受诽谤"，"见"是表被动的助词。

文本解读

本文结构严谨，是一篇足为典范的议论文。文章开篇便提出中心论点，认为六国灭亡的原因是"虑患之疏，而见利之浅，且不知天下之势也"。作者认为若不是这个原因，面积是秦国五倍、人口是秦国十倍的六国为何会相继灭亡呢？

二、三两段对中心论点展开论证。第二段作者指出当时天下之"势"在韩、魏的领地，而不在齐、楚、燕、赵。这是因为韩、魏的地理位置十分重要，它阻碍秦国的交通要道，是崤山以东各诸侯国的屏障。接着，作者以范雎和商鞅主张收服韩国、魏国为例，进一步论证了两国的重要性。第三段作者认为原本秦国攻打燕、赵，本应是危急之事，却并未陷入危险的境地，只是因为当时的韩、魏已经臣服于秦国。而韩、魏之所以屈服于秦国，主要还是因为两国面积太小，无法阻挡如虎狼的强秦，而这背后实则也是剩余四国不懂天下形势造成的。最终，秦国得以借助韩、魏之地，让军队直接到达剩余四国，天下均受秦国之祸。

最后一段作者提出解决当时六国困境的方法是四国"厚韩亲魏以摈秦"，这样，秦国就无法越过韩、魏而窥伺剩余四国，而四国也得以保全。四国无事，便应该私下相助韩、魏，这样，韩、魏亦不会被秦国征服。然而，当时的六国均不懂天下之事，相互攻伐，争夺土地，背弃盟约，使得秦国有可乘之机。这就是虑患粗浅、图谋利益肤浅的表现啊！

专题链接

六国覆灭、秦始皇统一天下的故事是历史，亦是传奇。苏辙认为六国破灭是六国之士只顾小利、不懂天下之势造成的。苏洵在《六国论》中认为六国破灭是因为争相割地以贿赂秦国，不贿赂的又因为失去强有力的援助，最终因贿赂者而丧国。贾谊在《过秦论》中则认为六国破灭是因为秦国从秦孝公开始便于内修法度、务耕织、修守战之具，对外采取连横策略而让各诸侯国相互争斗，最终秦国在西边发展起来，几个诸侯国联合起来攻打它，最终也只落得"强国请服，弱国入朝"的结局。苏洵是为了讽谏北宋朝廷，希望北宋不要在与西夏、辽战败后，总是采取上贡大量金银财物及商品的屈辱政策。贾谊则是希望西汉统治者能效仿秦孝公等人实行仁政。作者的出发点不同，得出的原因也不相同，这也是历史研究的有趣之处。

黄州快哉亭记

创作背景

读苏轼的《超然台记》时，我们便知苏辙内心之豁达从容。他劝诫在密州任职的苏轼超然物外、无往不乐，并将苏轼修葺一新的高台命名为"超然台"。

元丰二年（1079），苏轼因"乌台诗案"被关押，苏辙上书营救，亦连坐被贬。苏轼被贬至黄州任团练副使，苏辙则被贬到筠州。元丰五年（1082），苏辙来到黄州与苏轼团聚。元丰六年（1083），与苏轼一起谪居黄州的张梦得在自己居所的西南建造了一所亭子，苏轼将其命名为"快哉亭"。张梦得邀请苏辙为此亭作文，于是有了下面的文字。

作品原文

江出西陵，始得平地，其流奔放肆大，南合湘沅（yuán），北合汉、沔（miǎn），其势益张。至于赤壁之下，波流浸灌，与海相若。清河张君梦得，谪（zhé）居齐安，即其庐

全文翻译

长江流出西陵峡，才进入平地，它的水势奔放浩大，在南边与湘水、沅水汇合，在北边与汉水汇合，它的水势更加盛大。流到赤壁之下，江流水势浩大，与大海一样。清河张梦得贬官后居住在齐安，于是在他的房屋西南方建了一座亭子，用来观赏江流

之西南为亭，以览观江流之胜，而余兄子瞻名之曰"快哉"。

盖亭之所见，南北百里，东西一舍。涛澜汹涌，风云开阖。昼则舟楫出没于其前，夜则鱼龙悲啸于其下。变化倏（shū）忽，动心骇目，不可久视。今乃得玩之几席之上，举目而足。西望武昌诸山，冈陵起伏，草木行列，烟消日出，渔夫樵父之舍，皆可指数。此其所以为"快哉"者也。至于长洲之滨，故城之墟，曹孟德、孙仲谋之所睥（pì）睨（nì），周瑜、陆逊之所骋骛（wù），其风流遗迹，亦足以称快世俗。

昔楚襄王从宋玉、景差于兰台之宫，有风飒然至者，王披襟当之，曰："快哉，此风！寡人所与庶人共者耶？"宋玉曰："此独大王之雄风耳，庶人安得共之！"玉之言盖有讽焉。夫风无雌雄之异，而人有遇不遇之变。楚王之所以为乐，与庶

的盛景。我的哥哥子瞻给这座亭子命名为"快哉"。

在亭子里能看到南北百里、东西三十里的范围。波涛汹涌，风云变幻。白天船只在亭前往来出没，夜间鱼龙在亭下悲哀长啸。景物变化迅疾，惊心动魄，惊人眼目，不能长久欣赏。如今竟然能在几案旁尽情欣赏，抬眼就可以饱览风光。向西眺望武昌的群山，冈峦蜿蜒起伏，草木成行成列，当烟消云散后，阳光普照，捕鱼、砍柴的村民的房舍，都可以一一指点数清。这就是这座亭子称为"快哉"的原因。到了长江岸边，古城的废墟，这是曹操、孙权睥睨天下的地方，也是周瑜、陆逊驰骋的地方，他们流传下来的风采和遗迹，也足以让世俗之人称快。

从前，楚襄王让宋玉、景差跟随着在兰台宫游览。一阵风吹来，飒飒作响，楚王敞开衣襟迎着风，说："多么畅快啊，这风！这是我和百姓所共有的吧。"宋玉说："这只是大王的雄风罢了，百姓如何能和您共同享受呢？"宋玉的话大概有讽谏的意思吧。风并没有雄雌之别，而人有逢时与不逢时的不同。楚王快乐的原因，与百姓忧愁的原因，这正是人们的境遇不同，跟风又有什么关系呢？读书人生活在世上，如果心中不安然自得，到哪里没有

人之所以为忧，此则人之变也，而风何与焉？士生于世，使其中不自得，将何往而非病？使其中坦然，不以物伤性，将何适而非快？今张君不以谪为患，收会（kuài）稽之余，而自放山水之间，此其中宜有以过人者。将蓬户瓮（wèng）牖（yǒu）无所不快，而况乎濯长江之清流，挹西山之白云，穷耳目之胜以自适也哉！不然，连山绝壑，长林古木，振之以清风，照之以明月，此皆骚人思士之所以悲伤憔悴而不能胜者，乌睹其为快也哉！

忧愁呢？假使心怀坦荡，不因外物而伤害本性，那么，到哪里会不快乐呢？读书人生活在世上，如果他的内心不能自得其乐，那么，他到什么地方去会不忧愁呢？如果他心情开朗，不因为环境的影响而伤害自己的情绪，那么，他到什么地方会不整天愉快呢？现在张梦得不以贬官为忧愁，在征收钱粮之余，在大自然中放纵身心，这说明他心中应该有超过常人的地方。即使编蓬草为门，用破瓦罐做窗户，也没有不快乐的，更何况在清澈的长江中洗涤，享受西山的白云，穷尽耳目的美景来自求安适呢？如果不是这样，连绵的山峰，陡峭的沟壑，成片的森林，古老的树木，清风摇动，明月映照，这些都是失意的文人和思乡的士子悲伤憔悴而不能忍受的景色，哪里看得出它们能让人畅快呢？

文言积累

文化小知识

江出西陵

这里的"江"指的是长江，注意文言文中没有特意强调而出现"江""河"这样的表述时，指的就是长江、黄河。

昔楚襄王从宋玉、景差于兰台之宫

楚襄王指的是战国时期的楚顷襄王。宋玉，善辞赋，传说是屈原的弟子，西汉刘向编撰的浪漫主义诗歌总集《楚辞》中就有他的作品。景差，曾为楚顷襄王的大夫，亦善辞赋。司马迁在《屈原列传》中提及宋玉、景差时是这样说的："皆祖屈原之从容辞令，终莫敢直谏。"他们都效法屈原委婉的辞令，却始终不敢直言进谏。

[汉字小课堂]

穷耳目之胜以自适也哉

《说文解字》："穷，极也。"指（时间、空间）终极、终了、达到极限，如成语"无穷无尽""理屈词穷"中的"穷"即为此义。到极点而无路可走，由此引申为阻塞不通，成语"穷途末路"中的"穷"即为此义。后又由阻塞不通引申为困厄不得志、不显贵，常与"困"连用，如词语"穷困"。这是"穷"的一条引申路径。"穷"由极点还引申为动词，指到达极点，寻根究源，如"穷理尽性"中的"穷"即为此义。在"穷耳目之胜以自适也哉"的语境中，"穷"的意思就是寻根究源，可以翻译为穷尽。

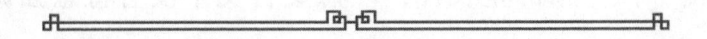

【实词加油站】

将蓬户瓮牖无所不快

蓬就是蓬草，户是门，蓬户就是用蓬草做门。瓮是破罐子，牖是窗户，瓮牖就是用破罐子做窗户。蓬户瓮牖指居住条件十分简陋。这句话的意思是即便居住条件简陋，张梦得也没有不快乐的。

挹西山之白云

挹，本义是舀、酌，把液体盛出来。"尽挹西江，细斟北斗，万象为宾客。"（张孝祥《念奴娇·过洞庭》）中的"尽挹西江"意为捧尽西江清澈的江水。在"挹西山之白云"这个语境中，将"挹"翻译为舀、酌就不太合适了，可以理解为观览、享受。

【虚词积累库】

盖亭之所见 / 曹孟德、孙仲谋之所睥睨
寡人所与庶人共者耶 / 将蓬户瓮牖无所不快
此其所以为"快哉"者也 / 楚王之所以为乐

"所"在文言文中也是一个常见的虚词，它经常放在动词前面，构成"所字结构"。"所字结构"需要翻译为名词，如"……的人""……的事物""……的情况"等。"盖亭之所见"中的"所见"就翻译为"见到的景象"，"曹孟德、孙仲谋之所睥睨"中的"所睥睨"就可以翻译

为"睥睨天下的地方","寡人所与庶人共者耶"中的"所与庶人共者"翻译为"与百姓共同拥有的","将蓬户瓮牖无所不快"中的"无所不快"翻译为"没有不快乐的"。

"所"还经常与"以"连用,翻译为"用来……的"或"……的原因",在"此其所以为'快哉'者也"和"楚王之所以为乐"中,均为"……的原因"。

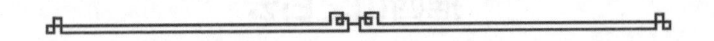

【句式精讲堂】

使其中不自得,将何往而非病?

这句话如果对应着直接翻译,就是"假使心中不安然自得,将哪里到而不忧愁呢?",这样的表达显然不符合现代汉语的表达习惯。翻译时,应该将"哪里到"调整为"到哪里","哪里"是"到"的宾语,在"将何往"的句子中,宾语"何"放在了谓语动词"往"的前面,因此,这个句子是宾语前置句。

『文本解读』

本文三段结构非常清晰,第一段点明建立"快哉亭"及命名之事,第二段阐述命名的原因,第三段则是就"快哉"阐发作者自己的看法。"快哉"二字是全文叙述说理的中心。

文章开篇便叙述了长江的水流浩大,如此阔大之江水旁,张梦得建了一个能览江流之盛景的亭子。这就像电影镜头一样，先从阔大处写起，再缩小到赤壁，最后聚焦至快哉亭这一小点上。给了快哉亭一个非常宏阔的背景，将亭台之小巧玲珑与长江之浩瀚雄伟形成了对比。

接着作者便写了在快哉亭目之所及的景色，在描写的过程中，突出了景色之壮观与奇幻。纵展眼力，便能看见南北百里、东西三十里的景色，波澜壮阔，风云开阖。白天舟楫出没，夜晚鱼龙悲啸，多么变化多姿啊！这些阔大、奇幻之景都能在亭中的"几席"之上赏玩，让人得到心灵上的满足。作者用一"玩"字与一"足"字，便紧扣住了全文的中心"快哉"二字，足见作者语言驾驭之功力。然而，这还不是"快哉亭"命名的唯一原因，从这里向西望去，能看见武昌的群山，看见"岗陵起伏，草木行列，烟消日出"的自然景观，"渔夫樵父之舍"亦清晰可辨，充满了生活气息。这样的生活场景与自然景观，令游览者心生"快哉"之感。这里还能凭吊三国古战场的遗迹，遥想曹操、孙权在此睥睨天下的气势，周瑜、陆逊于此驰骋角逐的身姿，这些千古风流人物留下的历史遗迹、流风余韵，如此人文景观，亦足以让人心中快慰啊！

然而，作者借宋玉与楚襄王的对话，引发了议论。楚襄王感受到飒飒之风吹拂带来的喜悦，而老百姓面对此风，却内心悲戚感伤，这是人的境遇不同决定的。由此，作者提出了自己的看法，"快哉"与否的关键不在外物，而在人的内心是否自得、坦然。张梦得虽被贬谪到黄州，只担任了一个很小的官职，却能自放山水间，即便"蓬户瓮牖"，居室极为简陋，亦能穷尽耳目欣赏美景以自我安适，这都是内心自安的缘故啊！

专题链接

苏辙在文中赞美张梦得的豁达,而自己与哥哥苏轼此时不也被贬谪,生活困顿吗?苏辙借此文应亦有自勉与劝慰苏轼之意。读《赤壁赋》时,便能知道苏轼被贬谪时,内心是十分痛苦的,心灵上的打击、生活上的穷困,使得他非常孤独,养成了夜晚游览山水的习惯,著名的诗句"小舟从此逝,江海寄余生"(《临江仙》)"时见幽人独往来,缥缈孤鸿影""拣尽寒枝不肯栖,寂寞沙洲冷"(《卜算子·黄州定慧院寓居作》)便写于此时。苏辙被贬谪筠州"五年不得调",生活状态也不会好到哪里去。但苏辙一直写信宽慰哥哥苏轼,一有机会便到黄州与哥哥团聚,苏辙的从容豁达在苏轼屡遭贬谪时给了他很大的心灵支撑,患难之中的兄弟之情令人感动。

人生的得意与否有时不能为自己左右,但每个人可以选择内心是否坦然、安定,不能让外物伤害本性,坚守本心是抵御外在侵袭的利器。

王安石

王安石（1021 — 1086），字介甫，号半山，封荆国公，世人称王荆公。抚州临川（今江西抚州）人，因此又被称为"临川先生"。北宋仁宗庆历二年（1042）进士。神宗熙宁年间为相，主持变法，推行新政。种种原因变法最终未能成功。晚年退居江宁（南京）。有《临川先生文集》。

读孟尝君传

『创作背景』

北宋仁宗嘉祐三年（1058），王安石调任京城，任三司度支判官，也就是管理财政的官员。这让他深刻认识到大宋在政治、经济、教育等各方面已是积弊丛生。而一些规章制度的滞后，已经严重影响到国家机器的正常运转。因此他产生了改革的想法，并且向宋仁宗上万言书——《上仁宗皇帝言事书》，提出了变法主张。仁宗皇帝看后，认为文章条理分明，有大家风范，然后，就没有然后了。

嘉祐五年，朝廷委派王安石与司马光同修君王起居注，常伴天子左右，记录仁宗皇帝一言一行。但王安石五辞被拒后，仍不赴任。因为他认为"人之才，成于专而毁于杂""圣人之所以能大过于人者，盖能以身救弊于天下者！"，这和《读孟尝君传》中王安石认同的真"士"是一致的。

不听君命，这在封建时代是天大的罪过，但仁宗皇帝也明白，王安石虽行为激进，但人品私德却没有问题。

作品原文

世皆称孟尝君能得士,士以故归之,而卒赖其力以脱于虎豹之秦。嗟乎!孟尝君特鸡鸣狗盗之雄耳,岂足以言得士!不然,擅齐之强,得一士焉,宜可以南面而制秦,尚取鸡鸣狗盗之力哉?夫鸡鸣狗盗之出其门,此士之所以不至也。

全文翻译

世人都称孟尝君能够赢得贤士,贤士因为这个缘故归顺他,(孟尝君)终于依靠他们的力量,从像虎豹一样(凶残)的秦国逃脱出来。唉!孟尝君只不过是一群鸡鸣狗盗的首领罢了,岂能说得到了贤士?如果不是这样,(孟尝君)拥有齐国的强大,(只要)得到一个(真正的)贤士,(齐国)就应当可以依靠国力面向南方称王而制服秦国,哪里还要借助鸡鸣狗盗之徒的力量呢?鸡鸣狗盗之徒出现在他的门下,这就是(真正的)贤士不到他门下的原因。

文言积累

【文化小常识】

战国四君子

亦称战国四君。

战国末期,秦国越来越强大,各诸侯国贵族为了对付秦国的入侵和挽救本国的灭亡,竭力网罗人才。因此养"士"(包括学士、方士、策士或术士以及食客)之风盛行。

以养"士"著称的有魏国的信陵君魏无忌、赵国的平原君赵胜、楚国的春申君黄歇、齐国的孟尝君田文。因其四人都是礼贤下士、结交宾客之人,后人称之为"战国四公子"。

【汉字小课堂】

士

象形字。《说文解字》：士，事也。数始于一，终于十。从一从十。孔子曰：推十合一为士。本义为"男子的通称"，后用为对男子的美称。比如韩愈《送董邵南序》有"燕赵古称多感慨悲歌之士"句，句中"士"便是对男子美称。

据范文澜《中国通史简编》梳理，战国时期的"士"大致分为四类：一是学士，著书立说，反映各家主张，如儒墨道名法农等；一是策士，富有才能，出谋划策，所谓纵横家；一是方士或术士，有天文历算医药地理各家；一是食客，有鸡鸣狗盗、赌徒屠夫刺客之类。

另外，"士"在先秦时代是位次于大夫的贵族最低阶层。在使用过程中，士也是"知识分子的通称"。比如王充《论衡》"智能之士，不学不成，不问不知"中的"士"。成语"敬贤礼士"中的"士"是"学识出众的人"；"国士无双"中的"士"是"杰出的人物"；"解甲休士"的"士"是"士兵"。

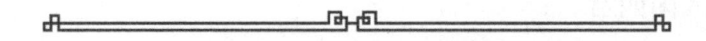

【实词加油站】

世皆称孟尝君能得士

例句的意思很简单。例句中的"得"，是动词，释为"得到、获得"，这是它的本义，比如"求之不得，寤寐思服"中的"得"。由此引申为"得意",比如《史记·管晏列传》"意气扬扬,甚自得也"一句中的"得"。由"得到"引申为助动词,表示"可能",比如"沛公军霸上,未得与项羽相见"中的"得",有时候又表示"应该、必须",比如《史记·项羽本纪》"君为我呼入,吾得兄事之"中的"得"。

【虚词积累库】

擅齐之强

例句中的"擅"是"拥有"的意思。这没什么争议,但"齐之强"却有。是译为"齐国的强大",还是"强大的齐国"?从这两种结论倒推,结论中的"之"用法是不同的。前者是结构助词,连接修饰成分与中心词,表意重心在"强大"。后者是助词,是定语后置的标志,表意中心在"齐国"。这种情况与荀子《劝学》"蚓无爪牙之利"一句相同。不管"齐之强"如何解释,都是"拥有"的宾语。

"之"做助词时,一般有如下几种情况:①结构助词,定语的标志。用在定语和中心语(名词)之间,可译为"的",有的可不译。②结构助词,补语的标志。用在中心语(动词、形容词)和补语之间,可译为"得"。比如王安石《游褒禅山记》"以其求思之深而无不在也"一句中的"之"。③结构助词,宾语前置的标志。用在被提前的宾语之后,动词谓语或介词之前,译时应省去。比如《左传·烛之武退秦师》的"夫晋,何厌之有?"。④结构助词。当主谓短语在句中作为主语、宾语或一个分句时,"之"用在主语和谓语之间,起取消句子独立性的作用，可不译。译时也可省去。⑤音节助词。用在形容词、副词或某些动词的末尾，或用在三个字之间，使之凑成四个字，只起调整音节的作用，无义，译时应省去。比如《三国志·吴志·周瑜传》"顷之，烟炎张天"。

文本解读

这篇文章虽短，但逻辑非常清晰，环环相扣，具有强大的力量。借评孟尝君养士，论国君之用人！

这实际是一篇读后感。先叙述引发感触的事件：世人说孟尝君令士归附，并据此脱身于强大秦国。然后开始说感触，也就是展开驳论，指出世人的看法存在问题，孟尝君实际不能得士；而归附孟尝君的鸡鸣狗盗之人也不是士；若真是士，则可制秦，何必靠鸡鸣狗盗的力量；而因为归附的是鸡鸣狗盗之人，真的士也就不会出现。

在文中，出现的几个"士"的内涵有一定的变化，要能体会到。比如，"世皆称孟尝君能得士"的"士"与"擅齐之强，得一士焉"的"士"就不同。前者，众人心里的；后者，王安石认为的。如此，文中共五个"士"。前两个一样，后三个一样。

全篇指出真正的"士"，不仅是为知己者死的人，更是能为国为民目光远大的人，进而得出单纯为主子个人安危荣誉奔走效劳的人不能算真"士"的结论，而这合乎逻辑的否定世人常说的孟尝君善养"士"，"孟尝君能得士"的说法。整个内容展开的过程，由驳而立的过程是合理的，孟尝君为论据是典型的，论证也是严密的。

游褒（bāo）禅（chán）山记

『创作背景』

原文有落款，很明白地写到这篇文章写于宋仁宗至和元年（1054）七月，王安石当时任舒州（今安徽安庆）通判，期满离任途中游安徽含山北部的褒禅山，有感而发。这一年王安石三十四岁，在欧阳修的举荐下，被宋仁宗任命为群牧判官，也就是负责管理国家马匹的官员。十五年后，王安石在年轻君王宋神宗的支持下主持朝纲，推动了中国历史上著名的熙宁变法（1069—1085）。

王安石变法的影响深广，但毁誉参半、褒贬不一。作为历史上的政治人物，王安石是不能被忽略的。然而脱离政治，我们也许更能看到王安石可贵的为人。

王安石高瞻远瞩，很有主见，有自己的思考，从不人云亦云。他在《商鞅》一诗里写道：自古驱民在信诚，一言为重百金轻。也有人讲，王安石是中国封建社会唯一不愿让人抬、不坐轿的宰相，清廉到死后也没有任何遗产的宰相。

任何人伟大的成就，自然也都是一步步走出来的。这次简单的记游，王安石深思见理，借题发挥。文中关于"志力物"的思考，尤其是其中的"尽吾志"应该正是王安石百折不挠推行变法的思想基础。

作品原文

褒禅山亦谓之华（huá）山，唐浮图慧褒始舍于其址，而卒葬之，以故其后名之曰"褒禅"。今所谓慧空禅院者，褒之庐冢（zhǒng）也。距其院东五里，所谓华山洞者，以其乃华山之阳名之也。距洞百余步，有碑仆道，其文漫灭，独其为文犹可识，曰"花山"。今言"华"如"华实"之"华"者，盖音谬（miù）也。

其下平旷，有泉侧出，而记游者甚众，所谓"前洞"也。由山以上五六里，有穴窈（yǎo）然，入之甚寒，问其深，则其好游者不能穷也，谓之"后洞"。予与四人拥火以入，入之愈深，其进愈难，而其见愈奇。有怠而欲出者，曰："不出，火且尽。"遂与之俱出。盖予所至，比好（hào）游者尚不能十一，然视其左右，来而记之者已少。盖其又

全文翻译

褒禅山也称为华山。唐代和尚慧褒当初在这里筑室居住，然后（慧褒）最终（被）葬（在）那里；正是这个缘故，后人就称此山为褒禅山。现在人们所说的慧空禅院，就是慧褒弟子在其墓旁盖的屋舍。距离那禅院东边五里，是人们所说的华山洞，因为它在华山南面而这样命名。距离山洞一百多步，有一座石碑倒在路旁，上面的文字已被剥蚀、损坏近乎磨灭，只有从勉强能认得出的地方还可以辨识出"花山"的字样。如今将"华"读为"华实"的"华"，大概是读音上的错误。

由此向下的那个山洞平坦而空阔，有一股山泉从旁边涌出，在这里游览、题记的人很多，这就叫作"前洞"。经由山路向上五六里，有个洞穴，幽深的样子，进去便感到非常寒冷，探问它的深度，就是那些喜欢游险的人也未能走到尽头，这是人们所说的"后洞"。我与四个人打着火把走进去，进去越深，前进越困难，而见到的景象也就更加奇妙。有个懈怠然后想退出的伙伴说："再不出去，火把就要熄灭了。"于是，只好都跟他退出来。我们走进去的深度，比起那些喜欢游险

深,则其至又加少矣。方是时,予之力尚足以入,火尚足以明也。既其出,则或咎(jiù)其欲出者,而予亦悔其随之而不得极夫游之乐也。

于是予有叹焉。古人之观于天地、山川、草木、虫鱼、鸟兽,往往有得,以其求思之深而无不在也。夫夷以近,则游者众;险以远,则至者少。而世之奇伟、瑰(guī)怪、非常之观,常在于险远,而人之所罕至焉。故非有志者,不能至也;有志矣,不随以止也,然力不足者,亦不能至也;有志与力,而又不随以怠(dài),至于幽暗昏惑而无物以相(xiàng)之,亦不能至也。然力足以至焉,于人为可讥,而在己为有悔;尽吾志也而不能至者,可以无悔矣,其孰(shú)能讥之乎?此予之所得也!

予于仆(pū)碑,又以悲夫古书之不存,后世之谬其传而莫能名

的人来,大概还不足十分之一,然而看看左右的石壁,来此然后题记的人已经很少了。洞内更深的地方,大概来到的游人就更少了。当决定从洞内退出时,我的体力还足够前进,火把还能够继续照明。我们出洞以后,就有人埋怨那主张退出的人,我也后悔跟他出来,而未能极尽游洞的乐趣。

对于这件事我有感慨。古人观察天地、山川、草木、虫鱼、鸟兽,往往有收获,是因为他们探究、思考深邃而且广泛。平坦而又路途近的地方,前来游览的人便多;危险而路途遥远的地方,前来游览的人便少。但是世上奇妙雄伟、珍异奇特、非同寻常的景观,常常在那险阻、僻远少有人至的地方。所以,不是有意志的人是不能到达的。虽然有了志向,也不盲从别人而停止,但是体力不足的,也不能到达。有了志气与体力,也不盲从别人、有所懈怠,但到了那幽深昏暗而使人感到模糊迷惑的地方却没有外物来帮助他,也不能到达。可是,力量足以达到目的而未能达到,在别人看来是可以讥笑的,在自己来说也是有所悔恨的;尽了自己的主观努力而未能达到,便可以无悔恨,难道谁还能讥笑吗?这就是我这次游山的收获。

我对于那座倒地的石碑,又

者，何可胜道也哉！此所以学者不可以不深思而慎取之也。

四人者：庐陵萧君圭（guī）君玉，长乐王回深父（fǔ），余弟安国平父、安上纯父。

至和元年七月某日，临川王某记。

感叹古代刻写的文献未能存留，后世讹传而无人弄清其真相的事，怎么能说得完呢？这就是学者不可不深入思考并谨慎地援用资料的缘故。

同游的四个人是：庐陵人萧君圭，字君玉；长乐人王回，字深甫；我的弟弟王安国，字平甫；王安上，字纯甫。

至和元年七月，临川人王安石记。

文言积累

文化小常识

华山

"褒禅山亦谓之华（huá）山"（本文）；"两家求合葬，合葬华山傍"（《孔雀东南飞》）；"万乘华山下，千岩云汉中"（张九龄《奉和圣制途经华山》）。

三个例子中，"华山"的含义并不同。张九龄诗中的"华（huà）山"，才是与泰山（东）、衡山（南）、恒山（北）、嵩山（中）并列的五岳之一。

华山，古称"西岳"，雅称"太华山"。位于陕西省渭南市华阴，南接秦岭，北瞰黄河渭水，自古有"奇险天下第一山"的说法。

中华之"华"源于华山。华山有"华夏之根"之称。华山是中国道教全真派圣地。

游褒禅山记

据上下文内容，本文中的"华（huá）山"是"花（huā）山"之讹。而《孔雀东南飞》中的"华（huá）山"指庐江郡（治所在今安徽省安庆市潜山县）内的一座小山。

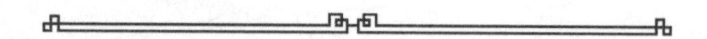

【汉字小课堂】

慎

形声字。《说文解字》：谨也，从心真声。本义为"小心在意"。比如本文"深思而慎取"的"慎"。儒家常讲"君子慎独"，"慎"也是这个意思。当然"君子慎独"其实就是"君子慎（于）独"。

"慎"还有一个特殊的用法，就是当它虚化为副词，表示禁戒且用在否定词前时，一般译为"千万""务必"。比如《孔雀东南飞》"便可速遣之，遣去慎勿留""多谢后世人，戒之慎勿忘"两句中的"慎"。

【实词加油站】

至于幽暗昏惑而无物以相之

"相"字多音多义。在例句中，"相"读为xiàng，"辅助"之义。但在曹植的《七步诗》"本是同根生，相煎何太急"里，"相"不是动词，"相煎何太急"中有动词"煎"。其实这个"相"是比较特殊的一种用法，表示动作偏指一方，有一定的指代性。可以译为"我"。这种现象在南朝民歌《孔雀东南飞》中很常见，比如"吾已失恩义，会不相从许""初七及下九，嬉戏莫相忘"两句中的"相"都偏指一方，可分别翻译为"你""我"。这种情况下，"相"读为xiāng。

"相"的释义不止于以上两种，除了最常见的"相互"，在"伯乐相马"中，"相"显然是动词，但又不能译为"辅助"。放在语境中判断，实际是"观察"的意思。当然，"相"还有"形貌"的意思，比如在《孔雀东南飞》中，"儿已薄禄相，幸复得此妇"一句中的"相"。而"宰相"的"相"显然是"辅助"的名词化。

〖虚词积累库〗

而予亦悔其随之而不得极夫游之乐也

例文中"其"字很活跃，例句中的"其"比较特别，代词，译为"我"。和这个"其"类似用法的是"独其为文犹可识"中的"其"，释为"它"。但在"以故其后名之曰'褒禅'"和"距其院东五里"中"其"都放在名词之前，都可以译为"那"。而在"问其深，则其好游者不能穷也"一句中的第二个"其"，根据常识，译成"那些"显然比"那"更合理。而在"尽吾志也而不能至者，可以无悔矣，其孰能讥之乎？"一句中，"其"放在句首，表示一种反问语气，译为"难道"。在"以其求思之深而无不在也"一句中，"其"显然是代词做主语，释为"他"或者"他们"。

以上是对《游褒禅山记》中的句子做的简单梳理，未列出来的句子皆可归入上列几种情况。

【句式精讲堂】

古人之观于天地、山川、草木、虫鱼、鸟兽

确定本例句的动词是"观"，便可明白"天地、山川、草木、虫鱼、鸟兽"实际是"观"的对象。而现代汉语中，介词和介词带出的宾语一起做状语，而状语自然是修饰限制谓语的。因此，"古人之观于天地、山川、草木、虫鱼、鸟兽"的正常语序应该是"古人观之于天地、山川、草木、虫鱼、鸟兽"。

『文本解读』

从"予亦悔其随之而不得极夫游之乐也"看，这并不是一次完整而尽兴的旅游。

而以"于是予有叹焉"为界，文章可分成两部分，前面是游记，后面是思考。文人游记，往往不止于自然山水，风花雪月、历史考据信手拈来，开篇关于"褒禅山"来历的梳理便是如此。

第三段"古人之观于天地、山川、草木、虫鱼、鸟兽，往往有得，以其求思之深而无不在也"的感叹充分肯定了古人的"求思"精神。

接下来作者阐述游洞之思考：志、力、物三者条件的重要性。

第四段用仆碑上文字漫灭造成山名讹传的事实，以及"谬其传而莫能名"引发学者要"深思慎取"的观点。

"一悔两叹褒禅游"是本文与其他游记有别之处。

另外，本文中"予"有时写为"余"，系版本不同，就像"是人""斯人"之辨。

专题：写景记事散文中的情与理

《古文观止》中有很多写景记事的散文，有的偏重于写景，如苏辙的《黄州快哉亭记》；有的侧重于记事，如王安石的《游褒禅山记》等。无论是偏于写景，还是偏于记事，这些经典散文均具有这样的特点：情感真挚，且能在抒发情感之外，表达一定的人生哲理。作品中的景、事、情与理四者能够很好地融合在一起。

著名作家梁衡在《文章五诀》中说道："文章内容空洞，言之无物，没有人看；形式死板，没有变化，也没有人看。变化再多，基本的东西只有几样，概括来说就是：形、事、情、理、典五个要素，我们可以称为'文章五诀'。其中形、事、情、理正好是文章中不可少的景物、事件、情感、道理四个内容，又是描写、叙述、抒发、议论四个基本手段。"这说法是对优秀作品基本特征的高度凝练性概括，也为我们欣赏散文作品提供了方向，同时，还能提醒我们在自己的作品中关注景、事、情、理等方面内容。

以《前赤壁赋》为例，这篇文本是经典中的经典，其景、事、情、理四者能构成一个非常和谐的整体。文章开篇寥寥几句就塑造了一幅宁静幽美的江景图，这正与作者悠然自得的心境相合；接着作者又通过"白露横江""水光接天"等写出了江面的浩瀚澄澈，与苏子"飘飘乎如遗世独立，羽化而登仙"超然物外的内心相应和。而这样的氛围又与文章倒数第二段"江上之清风""山间之明月"的景色以及苏子最后的忘怀得失、超脱豁达相呼应。苏子与客由眼前之水月想到曹操之水月，接着又产生关于水月消长的哲理性思考，并由此想到人的生命短暂、生命价值。苏子与客由赏月、诵明月之诗到感慨人生之短暂再到洗盏更酌，情感则从"乐"到"悲"再到"喜"。可以说，本文借助水月将文章的景、事、情、理串联起来，使得文章结构整饬、布局精巧。

再以《游褒禅山记》为例，文章一上来便探讨"华山"之名，似乎与全文游览褒禅山的主体相离，实则与倒数第二段"学者不可以不深思而慎取"的主题密切相关，华山之名的谬误正是学习者不深思慎取造成的。游览褒禅山同样如此，大部分人只能到达前洞，后洞因其深远、进入困难，所以很少有人能欣赏到它奇伟、非常之景。本文的景物描写、事情记述以及悔恨未能尽游览之乐的情感，均与后文抒发的人生哲理相关，人的力量、外物的帮助不是决定能否成事的关键，关键还得看个人之"志"。"尽吾志也而不能至者，可以无悔矣"，做到了"尽吾志"，那么谁也不能嘲笑他。生命是有边际、有涯的，但人之志却可以是无涯的，以无涯对有涯，生命的价值方得以彰显。

再如《黄州快哉亭记》，开篇便将景物写得开阔壮美，这样开阔的场景与作者豁达的情感相应，同时，这样的雄伟壮阔，亦符合作者所倡导的内心如果坦然安适到哪里便都快乐的人生哲理。建亭之事、亭周围之景、赏景之乐以及内心坦然之理，在这篇文章中实现了高度融合。

读古文，思古人，实则也是学习、反思、提升自我的过程，我们可以以此反观自己的创作，让自己的观察更细致，思考更深入，境界更高远！

宋 濂

宋濂（1310—1381），字景濂，号潜溪，浦江（今浙江义乌）人。元末征为翰林院编修，以父母年老，固辞隐居。元末明初文学家，曾被明太祖朱元璋誉为"开国文臣之首"。与高启、刘基并称为"明初诗文三大家"。因长孙宋慎牵连胡惟庸一案，宋濂被贬茂州，死于途中。有《宋学士文集》。

阅江楼记

创作背景

宋濂写《阅江楼记》的时候,并没有"阅江楼"。

明太祖朱元璋定鼎南京之初,有一天,登上南京西北郊的狮子山。在这里,他曾经以八万兵力击败拥兵四十万的陈友谅,并以此为基础,最终夺取南京城,建立万世帝业。朱元璋无限感慨,下诏要在山顶建楼,并赐名"阅江楼"。并且要求所有文臣职事每人写一篇,宋濂所写最为有名,故而流传至今。

因为实际上并没有楼,所以文章也就没法描摹楼阁的形制、盛况。而奉皇帝之命写应制之作又不可能率意而为。歌功颂德之外还需要想象、揣摩帝王心思,既投其所好,又不能阿谀诌媚。这种分寸感宋濂拿捏得很好。

明朝建立时,宋濂已近六十岁,他的大半生都在前朝。他奉命写《阅江楼记》时,已年过花甲,面对新朝,面对君王,宋濂没有一味地歌功颂德,其文人的思考和风骨犹在。

其实,整个明代,甚至清代都没有阅江楼,因为1374年的二月,朱元璋在动用服刑囚犯在狮子山山顶平整好建楼的地基后,突然决定停建。这一停就是六百多年。

作品原文

金陵为帝王之州。自六朝迄(qì)于南唐，类皆偏据一方，无以应山川之王气。逮(dài)我皇帝，定鼎于兹(zī)，始足以当之。由是声教所暨(jì)，罔间朔(shuò)南；存神穆清，与天同体。虽一豫一游，亦可为天下后世法。

京城之西北有狮子山，自卢龙蜿蜒而来。长江如虹贯，蟠(pán)绕其下。上以其地雄胜，诏建楼于巅，与民同游观之乐。遂赐(cì)嘉名为"阅江"云。登览之顷，万象森列，千载之秘，一旦轩露。岂非天造地设以俟(sì)大一统之君，而开千万世之伟观者欤？当风日清美，法驾幸临，升其崇椒，凭阑(lán)遥瞩(zhǔ)，必悠然而动遐思。见江汉之朝宗，诸侯之述职，城池之高深，关阨(ài)之严固，必曰："此

全文翻译

金陵是帝王居住的城邑。从六朝以至南唐，全都只是局部地占据一块地方，没有用来适应此地山川的王气。直到当今皇上，建国定都于此，才足够相当。从此声威教化所及，不因地分南北而有所阻隔，皇上涵养精神，承受天地淳和清明之气，与天道融为一体。即使一次游乐，也可以被天下后世效法。

京城的西北方向，有一座狮子山，从卢龙山蜿蜒伸展而来。长江如一线长虹，盘绕着流过山脚下。皇上因为这地方形势雄伟壮观，下诏在山顶上建楼，与百姓同享游览观景之乐，于是赐给它美妙的名字叫"阅江"。登上山巅极目四望，万千景色次第罗列，千年的大地秘藏，似乎顷刻显露无遗。这难道不是天地有意造就了美景，来等待一统海内的明君，进而展现千秋万世的奇观吗？

在风和日暖的时候，皇上的车驾亲临，登上山巅，倚着栏杆远眺，必定神情悠悠而产生高远的思考。看见长江汉江的流水滔滔奔向大海，诸侯赴京朝见天子，高深的城池，严密固防的关隘，必定说："这是我栉风沐雨，战胜强敌、攻城取地所获得

朕栉（zhì）风沐雨、战胜攻取之所致也。"中夏之广，益思有以保之。见波涛之浩荡，风帆之上下，番舶接迹而来庭，蛮琛（chēn）联肩而入贡，必曰："此朕德绥（suí）威服，覃（tán）及内外之所及也。"四陲（chuí）之远，益思有以柔之。见两岸之间、四郊之上，耕人有炙（zhì）肤皲（jūn）足之烦，农女有捋（lǚ）桑行馌（yè）之勤，必曰："此朕拔诸水火、而登于衽（rèn）席者也。"万方之民，益思有以安之。触类而思，不一而足。臣知斯楼之建，皇上所以发舒精神，因物兴感，无不寓其致治之思，奚止阅夫长江而已哉！

彼临春、结绮（qǐ），非不华矣；齐云、落星，非不高矣。不过乐管弦之淫响，藏燕、赵之艳姬（jī）。不旋踵（zhǒng）间而感慨系之，臣不知其为何说也。虽然，长江发源

的啊。"广阔的中华大地，更要思考有用来保护它的方法。看见波涛的浩荡起伏，帆船的顺流逆流，外国船只连续前来朝见，四方珍宝争相进贡奉献，必定说："这是我用恩德安抚、以威力镇服，声望延及内外所达到的啊。"四方偏远的边陲，更要思考有用来安抚它的方法。看见大江两岸之间、四郊田野之上，耕夫有烈日烘烤皮肤、寒气冻裂脚趾的烦劳，农女有采桑送饭的辛勤，必定说："这是我拯救于水火之中，而安置于床席之上的人啊。"对于天下的黎民，更要思考有用来安抚他们的方法。看到这类现象而触发的感慨推及开去，真是不胜枚举。我知道这座楼的兴建，是皇上用来舒展自己怀抱的方式，凭借着景物而触发感慨，无不寄寓着希望得到天下太平的思想，何止是仅仅观赏长江的风景呢？

那陈后主的临春阁、结绮阁，不是不华美啊；陈后主的齐云楼、孙权的落星楼，不是不高大啊。但无非是因为演奏了淫荡的歌曲而感到快乐，或藏匿着燕赵的美女以供寻欢。但转瞬之间便与无穷的感慨联结在一起了，我真不知怎样来解释它啊。虽然这样，长江发源于岷山，曲折蜿蜒地流经七千余里才向东入海，白波汹涌、碧浪翻腾，六朝之

岷山，委（wēi）蛇（yí）七千余里而始入海，白涌碧翻。六朝之时，往往倚之为天堑（qiàn）。今则南北一家，视为安流，无所事乎战争矣。然则，果谁之力欤？逢掖（yē）之士，有登斯楼而阅斯江者，当思圣德如天，荡荡难名，与神禹疏凿之功同一罔（wǎng）极。忠君报上之心，其有不油然而兴者耶？

臣不敏，奉旨撰记，欲上推宵旰（gàn）图治之切者，勒诸贞珉（mín）。他若留连光景之辞，皆略而不陈，惧亵（xiè）也。

时，往往将它倚为天然险阻。如今已是南北一家，于是视长江为平安河流，不再用于战争了。然而，这到底是谁的力量呢？读书人有登上此楼观看此江的，应当想到皇上的恩德有如苍天，浩浩荡荡难以形容它的广阔，简直与大禹凿山疏水拯救万民的功绩同样地无边无际。忠君报国的心情，难道还不油然而生吗？

我不聪明，奉皇上旨意撰写这篇记文，只是准备歌颂皇上昼夜辛劳操持谋求太平的功德，铭刻在美玉似的碑石上。至于其他欣赏美丽风景的话，我都略而不言，为的是怕玷污皇上的神圣。

文言积累

文化小常识

定鼎

新王朝定都建国的意思。《左传·宣公三年》载："成王定鼎于郏（jiá）鄏（rǔ）（今河南洛阳）。"鼎，是古代煮东西用的器物，圆形三足两耳，或方形四足。也是放在宗庙里祭祀用的一种礼器。

相传禹铸九鼎，象征九州。夏、商、周三代都把它们作为传国重宝，此后"鼎"就成为拥有政权的象征。有时候，比作王位帝位，比如"问鼎"。鼎很大、很重，所以"鼎"又表示盛大，如"鼎盛"。

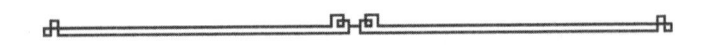

【汉字小课堂】

阅（閲）

形声字。《说文解字》：閲，具数于门中也。从门，说省声。本义为在室内查点、计算。

王充《论衡》"阅钱满亿"中的"阅"就是用的本义。由"一一计点"，引申为"检阅"。比如常见词"阅兵"。词义进一步扩大，就有了"察看、视察"的意思。比如顾炎武《酬王处士九日见怀之作》"天地存肝胆，江山阅鬓华"一句中的"阅"，可以释为"看"。由察看进一步引申为"阅读"，比如刘禹锡《陋室铭》"可以调素琴，阅金经"中的"阅"。由一一检视又引申为"经历"，比如《史记·孝文本纪》中的"楚王，季父也，春秋高，阅天下之义理多矣，明于国家之大体"一句，其中的"阅"就译为"经历"，生活中的常用词"阅历"之"阅"也是这个意思。

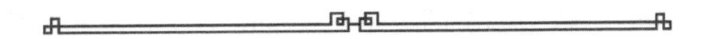

【实词加油站】

一旦轩露

　　对于文言实词，我们一般比较在意动词、形容词，因为它们使用灵活，表意丰富。但实际上，从完整的表达来看，语句中任何性质的词语我们都不能忽略。因为对于经典作品来说，一字一词的更动，都意味着原来表达意味的变化。比如例句中的"轩"字。

　　"轩"在文言诗文中常见，而且也并不难理解。

　　"轩"的本义是指古代大夫以上地位的人乘坐的车。比如《战国策·楚策一》中有"是以嬖女不敝席，宠臣不避轩"句，其中的"轩"就是指那种有帷幕的车子。在归有光《项脊轩志》一文的题目里，"轩"就是小房室的意思。"轩"也有"窗子"的意思，比如杜甫有"戎马关山北，凭轩涕泗流"，苏轼有"小轩窗，正梳妆"的诗句，其中的"轩"都是"窗"的意思。"轩"也指"有栏杆的长廊"，比如朱庆馀《宫词》有"寂寂花时闭院门，美人相并立琼轩"句。日常生活中常形容一个人精神饱满的"轩昂"一词中的"轩"，是"高"的意思，由车的本义引申而来。而古人认为"车前高后低称轩、前低后高叫轾"，也因此诞生了一个成语，叫作"不分轩轾"，比喻对待二者的态度或看法差不多。

　　而例句中的"轩露"在文言中是一个固定的词，释为"显露"。这种情况，没有必要再区分"轩""露"二字是不是像"翼蔽沛公"（《鸿门宴》）中"翼""蔽"二字的关系。文言以单音节为主，但也有不少双音节词。

【虚词积累库】

无以应山川之王气；益思有以保之；皇上所以发舒精神

"以"在文言中很活跃，在本文中使用也不止以上三例。比如开篇就有"定鼎于兹，始足以当之"的"以"。

"无以""有以""所以"是虚词"以"的固定形式。

韩愈《师说》有"师者，所以传道受业解惑也"一句，其中"所以……"释为"用来……的人"，相当于一个包括定语和中心词的偏正词组。再比如《史记·廉颇蔺相如列传》"臣等所以去亲戚而事君者，徒慕君之高义也"中的"所以"，释为"……的原因"。

而"有以""无以"稍微复杂些。是"有所以……""无所以……"的省略。也因此常译为"有用来……的东西（办法、道理）""没有用来……的东西（办法、道理）"。这种结构的语言现象，在文言中并不鲜见。比如《列子·汤问》"愚公移山"中就有"河曲智叟无以应"，其中"无以"根据上下文，译为"没有用来回答的话"，也就是"无言以对"的意思。再比如《战国策·齐策》"冯谖客孟尝君"中有"长铗归来乎，无以为家"的"无以"就译为"没有用来养家的办法"。

据以上简要梳理，例句中的"无以""有以""所以"句分别翻译为"没有用来适应此地山川的王气""更要思考有用来保护它的方法""皇上用来舒展自己怀抱的方式"。

【句式精讲堂】

诏建楼于巅

　　现代汉语的一般句式结构是状语放在谓语之前，起修饰限定作用，而古人习惯与此有别。今人在学习文言时需要辨识特殊文言句式。句子中的成分倒装有多种情况：主谓倒置、宾语前置、定语后置、状语后置是几种常见现象。

　　例句就是一个典型的状语后置的倒装句。按现代汉语的日常表达，一般是"诏于巅建楼"。

　　汉语语法非常重视谓语，倒装多围绕谓语产生。比如状语后置、宾语前置。但实际上，日常的表达有时候也要遵循习惯。语法是为使用服务的，而不是反过来。比如"站在台上"和"在台上站"实际上表意并不相同。而文中"定鼎于兹"是讲为"建都在这儿"还是"在这儿建都"实际上都不影响理解，明白语法特征而又遵循说话习惯才应该是最合适的。

『文本解读』

　　宋濂的《阅江楼记》究竟好在哪儿？这篇文章被帝王认可，被文人认同，选进《古文观止》。

　　古今应制之文多如牛毛，不乏谄媚奉承之作。如何说真话而又不逆龙鳞就不只是文字功底如何了得的问题了。

　　明太祖既然以"阅江"命名楼阁，宋濂就从"阅江"入笔。所列几句是三见（见江汉之朝宗，诸侯之述职，城池之高深，关阨之严固……见波涛之浩荡，风帆之上下，番舶接迹而来庭，蛮琛联肩而入贡……见两岸之间、四郊之上，耕人有炙肤皲足之烦，农女有捋桑行馌之勤）后自然的回应。三见的内容都是想象君王登楼"凭阑遥瞩"后的"悠然""遐思"。而且都用君王自己的话来表感受。这避免了自以为是的风险。这部分内容是文章最核心的内容。自然而晓畅也就显出作者水平的高妙。三见后有三益，三益后作者总结：臣知斯楼之建，皇上所以发舒精神，因物兴感，无不寓其致治之思，奚止阅夫长江而已哉！无论是行文节奏还是内容安排，宋濂说到皇帝心坎里去了，皇帝应该很受用。

文章如果到此似乎也有歌功颂德之效。但宋濂下面的文字恐怕才更有价值和意义。为什么要讲陈叔宝和孙权？虽然宋濂也说"臣不知其为何说也"，但讽谏的用意朱元璋应该能接受，而天下读者自然也能因文识人。

身为人臣，宋濂当然知道自己的位置和处境，所以在文章的结束部分，他写到"逢掖之士，有登斯楼而阅斯江者，当思圣德如天，荡荡难名，与神禹疏凿之功同一罔极。忠君报上之心，其有不油然而兴者耶？"，既是再次赞美，也是行文顺理成章的收束。

文章虽为"记"，但实际以议论为主。写江山胜景、因物兴感之类，其效果是"寓"，其目的是"谕"。

整体看，这篇文章在当时能上报君意，下合民情，是与时俱进的。到今天看，依然在思想和写作上有着学习的价值。

刘 基

刘基(1311—1375),字伯温,处州青田(今浙江温州文成县青田镇)人。元朝至顺年间进士,仕途不顺,隐居青田山中,1360年,接受朱元璋邀请,辅佐其成就大业。明洪武四年(1371)辞官,后因君王猜忌、宰相胡惟庸构陷,忧愤而死。有《诚意伯文集》(其中有《郁离子》四卷)。

卖柑者言

创作背景

中国与人名有关的地方不少，浙江文成县便是一处。"文成"，明朝开国元勋刘基的谥号。

刘基二十岁出头便中进士，但身在末世，仕途一直碌碌无为。直到将近五十岁，接受了朱元璋的邀请，站到当时朝廷的对立面上。

作为有见识的文人，刘基对元末社会多有深刻思考。隐居家乡青田山期间，对蒙古元王朝的彻底失望使他写出了寓言体政论散文集——《郁离子》。而《卖柑者言》正选自该散文集。

刘基强调作品当有教化作用，主张"美刺风戒，莫不有裨于世教"。所以卖柑事小，讽世事大。也因此，读《卖柑者言》最终要落在作者的治国安民的思考上。

从大环境看，到元朝末年，政局出现了剧烈动荡。当然，几乎所有王朝走上衰微的诸多原因中，往往最重要的还是在于自身的腐败堕落。据史料记载，到元末，蒙古骑兵竟然连马都不会骑了。

骑兵不会骑马，管理国家的文官武将又会是怎样的？而刘基观察、审视世相，得出的是什么样的结论呢？

作品原文

杭有卖果者，善藏柑，涉寒暑不溃。出之烨然，玉质而金色。置于市，贾十倍，人争鬻（yù）之。予贸得其一，剖之，如有烟扑口鼻，视其中，则干若败絮。予怪而问之曰："若所市于人者，将以实笾（biān）豆、奉祭祀、供宾客乎？将炫外以惑愚瞽（gǔ）也？甚矣哉，为欺也！"

卖者笑曰："吾业是有年矣，吾赖是以食吾躯。吾售之，人取之，未闻有言，而独不足子所乎？世之为欺者不寡矣，而独我也乎？吾子未之思也。今夫佩虎符、坐皋比者，洸（guāng）洸乎干城之具也，果能授孙、吴之略耶？峨大冠、拖长绅者，昂昂乎庙堂之器也，果能建伊、皋之业耶？盗起而不知御，民困而不知救，吏奸而不

全文翻译

杭州有个卖水果的人，擅长贮藏柑橘，经过冬夏也不腐烂，拿出它们的时候还是光彩鲜明的样子，玉石一样的质地，金灿灿的颜色。放到市场上（卖），价格高出（普通柑橘）十倍，人们争相购买柑橘。我买了一个，切开它，像有股烟直扑口鼻，看它的里面，干得像破烂的棉絮。我感到奇怪，问他说："你卖给别人的柑橘，是将要用来装满在盛满祭品的容器、供奉神灵、招待宾客吗？还是要炫耀它的外表，用来迷惑傻瓜和瞎子？做这种欺骗的事，实在太过分了！"

卖柑橘的人笑着说："我从事这个行业已有好多年了。我依靠这个用来养活自己。我卖它，别人买它，没听说有人说过什么，却唯独不能满足您的要求吗？世上做欺骗的事的人不少，难道只有我一个吗？你没有好好地思考。现在那些佩戴虎形兵符、坐在将军座席上的人，威武的样子，好像是捍卫国家的将才，他们果真能通晓孙武、吴起的谋略吗？那些戴着高帽子、拖着长长带子的人、气宇轩昂的样子像是国家的栋梁之材，他们果真能够建立伊尹、皋陶的业绩吗？偷盗四起，他们却不懂抵御，百姓困顿，他们却不懂救助，官吏狡诈，他们却不懂禁止，法度败坏，他们

知禁,法赦(dù)而不知理,坐糜廪(lǐn)粟而不知耻。观其坐高堂、骑大马、醉醇醴(lǐ)而饫(yù)肥鲜者,孰不巍巍乎可畏,赫赫乎可象也,又何往而不金玉其外,败絮其中也哉?今子是之不察,而以察吾柑!"

予默默无以应。退而思其言,类东方生滑稽之流。岂其愤世疾邪者耶?而托于柑以讽耶?

却不懂治理,白白地浪费国家粮食却不懂得羞耻。看看那些坐在高堂上、骑着大马、喝着美酒且吃着美食的人,谁不是高大的外表令人敬畏,显赫过人可以想象的吗?谁不是外表如金似玉、内里破败得像破絮的呢?现在您看不到这些现象,却只看到我的柑橘!"我默默地没有话用来回答。回来后思考这卖柑人的话,(觉得他)像东方朔诙谐多讽、机智善辩的这类人,莫非他是对世间邪恶现象激愤痛恨之人,因而借托柑橘用来讽喻(世事)吗?

文言积累

文化小常识

虎符 (例图为秦阳陵虎符)

虎符最早出现于春秋战国,虎形,作为中央发给地方官或驻军首领的调兵信物。分左右两半,有子母口可以相合。右符留存中央,左符留存将领。专符专用,一地一符。

从汉朝开始,虎符均为铜质,骑缝刻铭以右为尊。隋朝时改为麟符。唐朝因为讳高祖李渊的爷爷李虎,改用鱼符或兔符,后来又改用龟符。南宋时恢复使用虎符。后世逐渐演变为铜牌。

【汉字小课堂】

干 gān（幹、乾）

象形字。《说文解字》：犯也。从反入，从一。凡干之屬皆从干。古寒切。

要注意的是，如今"干"虽作为"幹""乾"的简化字，但"干"字，古代本就有。从象形字形看，本为原始狩猎工具，用以攻取野兽，所以引申为"触犯""冒犯"，比如，"民不敢犯法以干法官也"（《商君书·定分》）；又引申为"冲"，比如杜甫《兵车行》中有"哭声直上干云霄"；又引申为"追求、求取"，比如"子张学干禄"。

在陶渊明"刑天舞干戚，猛志固常在"的诗句中，"干"是"盾牌"的意思。而由盾牌引申为"防卫""捍卫"，这个意思读为gàn，后来这个意思写作"扞hàn"，"扞"同"捍"，本文中"干城之具"的"干"应该是这种情况。

而在《诗经·魏风·伐檀》"坎坎伐檀兮，置之河之干兮"中的"干"是"岸"的意思。这已经不是由狩猎工具"干"引申而来的了。

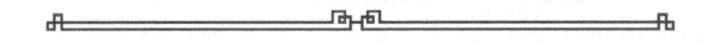

【实词加油站】

将以实笾豆、奉祭祀、供宾客乎？

"实""奉""供"的理解并不困难，但对其运用却很有讲究。在大多数情况下，我们都比较在意活跃的动词、形容词，因为这两类词的表现力很强。但并不是说,其他词语就可以忽略。比如在例句中,"豆"(豆形)和"笾"都是名词,是相似而又不同的两种礼器。很明显,对"笾""豆"的认识影响着对句意的理解。笾,古代祭祀宴飨礼器的一种,似豆而盘平浅、沿直、矮圈足。笾从豆分化而来,有竹编,又有木制、陶制和铜制的多种。用于盛果脯之类的食品。《尔雅》:木豆谓之豆,竹豆谓之笾(biān)。

因为"笾豆"是礼器,更是容器,所以"实",自然是"充实、充满"的意思。这个意思很常见,比如"仓廪实而知礼节"中的"实"。当然此处也可以理解为形容词性。而在《三国志·吴书·周瑜传》"乃取蒙冲斗舰数十艘,实以薪草,膏油灌其中"一句中,因为语境中是说将薪草装在蒙冲斗舰上,所以句中的"实"释为"容纳、充塞"的意思。

句中"奉""供"似乎可以交换,但仔细分析,小语境还是有差别。"奉"的是祭品,所以释为"进献、献上";"供"的是宾客,所以释为"供给、供应",根据习惯译为"招待",但很明显,"招待"不能用于"祭祀"。

当然,从学习文言文实词的角度看,"奉",会意字。据《说文解字》:奉,承也。从手,从廾(gǒng),丰声。本义为捧禾祭献神祖。"祭献"当然会"恭敬地捧着",比如《史记·廉颇蔺相如列传》"王必无人,臣愿奉璧往使"中的"奉",这个意义后来作"捧"。散见不同文本的"奉"有时释为"献上"或"供养"或"送给",其实都是"祭献"一义的引申。《战国策·赵策·触龙说赵太后》"位尊而无功,奉厚而无劳"一句中的"奉"参照上句可知,当为名词,译为"俸禄"。这个意思后来由"俸"字承担了。

《说文解字》对"供"的解释是这样的：共，同也。从廿，从廾（gǒng）。其中"共"是"供"的初文（某字的最早期写法）。

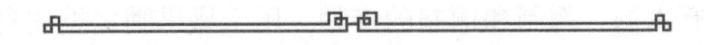

【虚词积累库】

将炫外以惑愚瞽也？

虚词的用法和意义，需要结合着以实词为主的语境来分析考量。简而言之，虚词往往因为依附实词而有了具体而又临时的语法意义。此处，我们以比较的方式来看虚词"以"的使用。

例句看，"炫外""惑愚瞽"是两个行为，而"以"在其间。前后两个行为，后者是前者的目的，因此，"以"作为连词，表示目的关系。

"愿以十五城请易璧"，这是《史记·廉颇蔺相如列传》中的句子，其中的"以"放在名词"十五城"前，这和上面例句中的"以"所处语境是有区别的。实际上，此句中的"以"是介词，译为"用"，整个"以十五城"是介词带宾语的结构作的是动词"易（交换）"的状语。在"物以类聚，人以群分"中，"以"的情况和本文例句是一样的，是介词，但因为具体内容有别，译为"按照"。

"夫夷以近，则游者众"，是王安石《游褒禅山记》中的句子，其中的"以"字，前后分别是"夷""近"，二词性质相同。再结合下文"险以远，则至者少"可以做出判断："以"，相当于"而"，连词，表并列关系。

诸如此类，很多词语的细微差别便在比较中呈现出来。

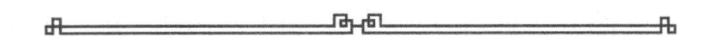

【句式精讲堂】

吾子未之思也

文言的特殊句式，并非古人视之为特殊，只是今人的以今律古。

倒装类文言句式中的宾语前置，往往是因为疑问句或者否定句中，代词做了宾语。比如苏轼《石钟山记》中，"古之人不余欺也"一句。按现代汉语语法，正常语序应该是"古之人不欺余也"。

比照该句，例句的正常语序应该是"吾子未思之也"。

认识到特殊句子的特殊性，对于文意的理解自然是多有好处的！

『文本解读』

文章由柑橘引发议论，借卖柑者的话揭示了道德败坏、欺上瞒下的社会风气，尤其讽刺那些欺世盗名的达官贵人，指出他们的"金玉其外，败絮其中"，进而也抒发出作者愤世嫉俗的情感。

全文分为三个部分。第一部分记述故事经过，是全文的引子。第二部分是全文的重点，借卖柑者之口，揭露世态真相。第三部分是文章的结尾，是作者的思考。

第一部分中，作者写柑橘外表的金玉之美，却有内在的败絮之劣。

在优劣对比之中，自然引发疑问并进而突出"欺"字。"欺"是全文的核心，也是本文的文眼。

　　文章的第二部分构思巧妙，"卖者笑曰"中的"笑"字用得好。可以看出卖柑者的诙谐，亲切可信；且有些轻视的意味儿。之后卖柑者反问"而独我也乎？"也很有分量，突出了对"欺"的憎恨。然后卖柑者历数行"欺"的人物。其中用两个长句写武将"洸洸乎干城之具"、文官"昂昂乎庙堂之器"，揭露其文不能治国、武不能治军的实质。为了充分宣泄自己的愤世之情，文章用反问句"观其坐高堂、骑大马、醉醇醴（lǐ）而饫肥鲜者，孰不巍巍乎可畏，赫赫乎可象也，又何往而不金玉其外，败絮其中也哉？"表达了强烈的否定情绪。而这部分最后"今子是之不察，而以察吾柑！"一句的批评有理、有力。

　　文章的结尾，从寓言创作的角度看，有学者认为，仅"予默默无以应"足矣。但从政论的角度看，"默默无以应"只是回应前文的叙事，而"退而思其言"后，才是清晰而准确地表达出自己的政治思考。

　　时代动荡必然会引发敏感有为文人的思考。何况刘基所处的时代是统治阶层混乱、老百姓不断受到天灾人祸折磨的元末！

　　选文中有些内容因版本而有简省，但简省的文字也有别样动人的魅力，有赏析的价值，也当关注。我们在原文中补上，供大家参考。

宗 臣

宗臣（1525—1560）字子相，号方城山人，扬州兴化（今江苏兴化）人，明代文学家，宋代著名抗金名将宗泽后人，嘉靖二十九年（1550）进士。曾因触忤严嵩，贬为福建布政参议；因抗倭有功，迁福建提学副使，病卒于任上。明"后七子"之一。有《宗子相集》。

报刘一丈[①]书

创作背景

1550年，二十五岁的宗臣高中进士。三十六岁，病死任上。这短短十年，正是大明王朝的多事之秋。

明朝嘉靖年间，东南沿海一带倭寇侵扰和北部边境蒙古各部袭扰，"北虏南倭"的外患困扰朝廷、危及社稷。朝廷之内，严嵩、严世蕃父子把持朝政，打击贤良。而嘉靖皇帝深居内宫，只求长生不老。宗臣目睹外有强敌、内有权奸的王朝现状，更在杨继盛被严嵩诬杀后，与同道一起经纪丧事，却因此被贬福建。仕宦不长，宗臣却对官场腐败、世风士情有深切体味。

父亲的朋友刘玠（字国珍，号墀石）来信，宗臣借回信而谈世事、表节气。文中，官场丑态，浩然正气都跃于纸上。刘一丈对宗臣非常欣赏和关心，视之为"国士"。二人有忘年的交情。宗臣非常敬重刘一丈，也因此在自己的回信中倾诉自己对官场黑暗的愤慨和表达自己不足为外人道的仕途压力。

文章辛辣讽刺背后流露出强烈的浩然正气！这也告诉我们：正气随物赋形，充塞天地！

[①] 一丈："一"是排行，"丈"是尊称长者。

作品原文

数千里外,得长者时赐一书,以慰长想,即亦甚幸矣何至更辱馈遗(wèi),则不才益将何以报焉?书中情意甚殷,即长者之不忘老父,知老父之念长者深也。

至以"上下相孚(fú),才德称位"语不才,则不才有深感焉。夫才德不称,固自知之矣;至於不孚之病,则尤不才为甚。

且今之所谓孚者,何哉?日夕策马,候权者之门。门者故不入,则甘言媚词作妇人状,袖金以私之。即门者持刺入,而主人又不即出见;立厩(jiù)中仆马之间,恶气袭衣袖,即饥寒毒热不可忍,不去也。抵暮,则前所受赠金者,出报客曰:"相公倦,谢客矣!客请明日来!"即明日,又不敢不来。夜披衣坐,闻鸡鸣,即起盥(guàn)

全文翻译

在数千里以外,得到您老人家时常来信,来安慰我长久的想念,这已经十分幸运了。竟然还蒙您赠送礼物,那么我要用什么来报答呢?您在信中表达的情意十分恳切,说明您没有忘记我的老父亲,从而也可以知道老父亲很深切地想念您老人家。

至于信中以"上下要互相信服,才能和品德要与职位相符合"的话教导我,我感受很深。我的才能和品德与职位不相符,本来我就知道。至于不能做到上下相互信任的弊病,在我的身上表现得更厉害。

且看当今社会上所说的上下信任是怎么一回事呢?早晚骑马,恭候在权贵人家的门口。守门的人故意为难不肯让他进去,他就用甜言媚语装作妇人的姿态,把袖里藏着的金钱偷偷地塞给守门人。守门人拿着名帖进去之后,而主人又不立即出来接见,他就站在马棚里,与仆人和马匹相处,臭气熏着衣服,即使是饥饿寒冷或闷热得无法忍受,也不离去。一直到傍晚,那个先前曾经接受金钱的守门人出来对他说:"相公疲劳了,谢绝会客,客人请明天再来吧。"到了第二天,他又不敢不来。晚上他披衣坐等,一听到栉（zhì），走马抵门；门者怒曰："为谁？"则曰："昨日之客来。"则又怒曰："何客之勤也？岂有相公此时出见客乎？"客心耻之，强忍而与言曰："亡奈何矣，姑容我入！"门者又得所赠金，则起而入之。又立向所立厩中。幸主者出，南面召见，则惊走匍匐阶下。主者曰："进！"则再拜，故迟不起，起则上所上寿金。主者故不受，则固请。主者故固不受，则又固请，然后命吏纳之。则又再拜，又故迟不起；起则五六揖（yī）始出。

出，揖门者曰："官人幸顾我，他日来，幸无阻我也！"门者答揖。大喜奔出，马上遇所交识，即扬鞭语曰："适自相公家来，相公厚我，厚我！"且虚言状。即所交识，亦心畏相公厚之矣。相公又稍稍语人曰："某也贤！某也贤！"闻者亦心许交赞之。此世所谓上下相

鸡叫就起来洗脸梳头，骑着马跑到相府门口，守门人发怒地说："是谁？"（他）就回答说："昨天的客人又来了。"守门人又怒气冲冲地说："啥客人这么勤快？难道有相公在这时候出来见客的吗？"客人在心里觉得受侮辱，勉强忍耐着对守门人说："没有办法啦！姑且让我进去吧！"守门人再次得到他送的一笔钱，才起身放他进去。他又站在原来站过的马棚里。幸好主人出来，在客厅傲慢地召见他，他就慌慌张张地跑上去，拜伏在台阶下，主人说："进来！"他便拜了两次，故意迟迟不起来，起来后就献上进见的金银。主人故意不接受，他就一再请求收下；主人故意坚决不接受，他就再三请求。然后主人叫手下人把东西收起来，他就又拜了两拜，故意迟迟不起，起来后又作了五六个揖才出来。

出来，他就对守门人作揖说："多亏老爷关照我！下次再来，希望不要阻拦我。"守门人向他作揖回应。他十分高兴，跑出来，骑在马上碰到相识的朋友，就扬起马鞭得意扬扬地对人说："我刚从相府出来，相公厚待我！厚待我！"并且虚假地说（受到接待的）情况。听到的朋友也从心里敬畏他能得到相公的优待。相公又偶尔对别人说："某人好，某人好。"听到这些话的人也都在心里

孚也，长者谓仆能之乎？前所谓权门者，自岁时伏腊，一刺之外，即经年不往也。闲道经其门，则亦掩耳闭目，跃马疾走过之，若有所追逐者，斯则仆之褊（biǎn）衷，以此长不见悦于长吏，仆则愈益不顾也。每大言曰："人生有命，吾惟守分（fèn）而已！"长者闻之，得无厌其为迂乎？

乡园多故，不能不动客子之愁。至于长者之抱才而困，则又令我怆然有感。天之与先生者甚厚，亡论长者不欲轻弃之，即天意亦不欲长者之轻弃之也，幸宁心哉！

盘算着并且一齐称赞他。这就是社会上所说的上下信任，您老人家说我能这样做吗？对于前面所说的权贵人家，我除伏日、腊日投一个名帖外，就整年不去。有时经过他的门前，我也是捂着耳朵，闭着眼睛，鞭策着马匹飞快地跑过去，就像后面有人追逐似的。这就是我狭隘的心怀，因此经常不受长官欢迎（不被长官赏识），而我则更加不顾这一切了。我常常发表高谈阔论："人生遭际都是由命运决定的，我只是守自己的本分罢了！"您老人家听了我的这番话，或许（恐怕）不会嫌我过于迂腐吧！

家乡多次遭遇灾祸，不能不触动旅居在外的人的愁思。至于您老人家的怀才不遇，也使我心情悲伤而有所感触。上天赋予您的才德是很优厚的，不要说您老人家不愿轻易抛弃它，就是天意也不愿让您轻易地抛弃啊。希望您安心等待吧！

文言积累

文化小常识

再拜

文言中的常见词。

其中，"再"更多的情况是"两次"，而不是"第二次"的意思。

因为"再拜"是古代礼仪，指拜而又拜，表示恭敬之意。比如文中描写"客"见"主者"时的表现：则再拜，故迟不起，起则上所上寿金。

中国是礼仪之邦。古代人作揖、跪拜频繁，光跪拜礼就有很多种：

长跪，双膝跪地，上体伸直，离开小腿。例，府吏长跪告："伏惟启阿母……"（《孔雀东南飞》）

再拜，两手在胸前合抱，头向前俯，额触双手，拜两次。拜一次，叫"拜"，例如，哙拜谢，起，立而饮之。（《史记·项羽本纪》）

顿首，拜时头手触地，触后即起。通常用于下对上及平辈间的敬礼。也常用于书信的开头或末尾。例，修顿首白秀才足下。（欧阳修《与荆南乐秀才书》）

稽（qǐ）首，顿首时，头在地上停留一段时间。例，王俱与稽首，遂留观中。（《聊斋志异·崂山道士》）

稽颡（sǎng），屈膝下拜，以额触地，又叫"叩首"，专用于居丧时拜宾客。例，吊者致命，主人哭拜，稽颡成踊。（《仪礼·士丧礼》）

【汉字小课堂】

孚

会意字。《说文解字》：孚，卵孚也。从爪从子。一曰信也。"信"应该是引申义，本义当为"抱子哺乳"。有学者认为人生子和鸟孵卵皆有定期而不失信，所以有此引申。

在《左传·曹刿论战》"小信未孚，神弗福也"中，"孚"应该是动词的使动用法，释为"使人心服"。日常成语"深孚众望""不孚众望"中的"孚"也是这种用法。

在现代汉语中，以"孚"为声旁的常见形声字有俘、浮、孵、桴、莩、蜉、郛等，其中一些字也是以"孚"为义符（形声字结构中表示意义的部分）的。在汉字演化的过程中，为分化字义，"孚"字专用于表"诚信"之义。而"孵"表孵卵，"浮"表漂浮，"桴"表种子的外皮，"俘"表俘获。

【实词加油站】

即门者持刺入

文言文中，有些词语释义在未识记、积累以前，基本上无迹可循，这当然增加了理解的难度。如例句中的"刺"。

2002年北京高考语文卷曾节选《吕氏春秋·异宝》的部分段落作为文言文语料，有"过于荆，至江上，欲涉，见一丈人，刺小船，方将渔，从而请焉"一句，其中的"刺"难住了不少考生。当然，为了降低难度，命题人在试题中给出了合理的解释：用篙撑。

"刺"，《说文解字》：刺，直伤也。从刀，从朿cì，朿亦声。由此看，本义为"用尖利的东西扎"。由此而引申出来的大多数义项都比较常见：行刺，如"荆轲刺秦王"；指责、揭发，如"群臣吏民能面刺寡人之过者，受上赏"（《战国策·齐策·邹忌讽齐王纳谏》）。"刺"译为"撑（船）"，是特指，也许词义的引申来自其形。而"刺"用作名词，指"尖锐像针的东西",如"芒刺在背"。

例句中的"刺",作"持"的宾语,是名词,但并不能译为"尖锐像针的东西"。它实际的意思为文言中一种特殊但又并不少见的释义"名帖(相当于后来的名片)"。

据专家考证,名片使用源自中国。东汉时称"谒",西汉称"刺""名纸",六朝简称为"名",唐朝叫"名状",宋朝又称"手刺""门刺",到明清则称"名帖"。

【虚词积累库】

长者闻之,得无厌其为迂乎?

文言文中的虚词俯拾皆是,比如短短的例句中就有常见的"之""乎""者""其"。其中"得无……乎"还是文言中固定的兼表反问的疑问句式。一般翻译为"大概……吧、恐怕……吧、该不是……吧?"。

例句中的"其",是文言常用虚词,常做代词、副词、连词和助词用。

做代词使用,常表示领属关系。比如,"工欲善其事,必先利其器"(他的)。而在"予亦悔其随之而不得极夫游之乐也"(《游褒禅山记》)中,"其"活用为第一人称。用作定语或小主语,视句意译为"我的"或"我(自己)",例句中的"其",就是这种情况。

而在"呜呼!其真无马邪,其真不知马也?"(韩愈《马说》)中,

"其"是连词,用在并列的问句中表示选择关系,可以译为"是……还是……"。在"路漫漫其修远兮,吾将上下而求索"(屈原《离骚》)中,"其"是助词,用在修饰语与被修饰语之间,表修饰关系,可不译。

【句式精讲堂】

日夕策马,候权者之门

文言文的文字简洁,除单音节为主以外,很大原因是省略频繁。省略句恐怕是文言文中最常见的句式。例句是本文中的普通一例,不难理解,只为梳理规律。

本句是无主语句。谓语动词"策""候"的主语缺失。从上下文的内容看,实际都应该是"客"。当然,在本文中,作者几乎在所有的句子里都省略了这个主语,好像有不屑提及的意味。

对例句进行成分、结构分析:"日夕"是名词,作状语;"策"是动词,"马"是宾语;"候"是动词,作谓语,"权者之门"做宾语,宾语之中,"权者"修饰"门",作"门"的定语。

因此,在进行结构分析时,能否迅速而准确地抓住句子谓语,也就是能否准确地判定句中的动词(或形容词)就显得特别重要。

文本解读

"报"即"回复",可见是刘一丈先有信给宗臣。从回信内容看,除了情感,刘一丈"上下相孚,才德称位"的话语触动了宗臣。

文章从"上下相孚"展开,评说世情世风。"下"的巴结、卑微、得意之形毕见,而"上"的傲慢、贪婪、虚伪也因此在对比中呈现出来。本文对比之法运用普遍。比如"客者"先卑微惶恐后得意狂妄,"门者"先刁难后示好,"主者"先傲慢后虚伪。尤其是要琢磨体会"客者""出""遇所交识"得意忘形之后,"所交识"的心理活动,"亦心畏相公厚之矣",在没有上下之分的平辈之间,仍不能"相孚"。这才是社会更深的悲哀。

长者刘一丈对宗臣的希望是"上下相孚,才德称位",在文中第二段,作者说:"才德不称,固自知之矣,至於不孚之病,则尤不才为甚。"因此,在接下来的文章中作者只揭露了"上下相孚"的真实世情,而对"才德相称"只字未提,这其实是用最简单的对比呈现出相关当事人的才德劣迹。

本文是回信,自然要紧扣书信特点。作品原文后所附楷体字是原信内容,后被编选者去掉了。其实留下不损文章价值,且让书信完整。

给长辈的回信,自然要极其恭敬恳切,何况是尊敬的忘年老友。所以信的开头,虽只嘘寒问暖,但却真心诚意。替父问好,谦恭有致。信的结尾抒发自己的乡愁,表达对长者的劝慰。长者寄望作者"上下相孚,才德称位",作者回以"宁心"正合长者之意。回信重心虽在针砭时弊,但并不唐突冒失,是顺着来信话头说开,而非无视来信内容的自我发泄。

归有光

归有光(1507—1571),字熙甫,号震川,昆山(今属江苏)人。科举仕途不顺,嘉靖十九年(1540)中举后,八次会试进士不第,至嘉靖四十四年(1565)60岁考中进士,官至南京太仆寺丞。明代"唐宋派"代表人物,有《震川先生文集》。

沧浪亭记

创作背景

"沧浪之水清兮,可以濯我缨,沧浪之水浊兮,可以濯我足",沧浪亭由此得名。北宋诗人苏舜钦被贬逐,退居苏州,在一片荒芜中建起了沧浪亭。那一年他三十七岁,正是年富力强,施展治国安邦抱负的年纪,但丢官弃爵,更重要的是仁宗皇帝对他的否定,这些一下子摧毁了他原本高傲的精神。三年后,自号"沧浪翁"的苏舜钦去世。

此后,沧浪亭几经辗转,几经兴废,到了明朝嘉靖二十五年(1546),也就是苏舜钦初建沧浪亭五百年之后,僧人文瑛复建沧浪亭,恳请归有光写一篇《沧浪亭记》来说沧浪亭的可贵。因为有"明文第一"的归有光加持,沧浪亭更成一时之胜。

归有光的应邀之作,自然满足僧人文瑛"所以为亭者"的要求,但是对于归有光来讲,北宋文人苏舜钦的读书入仕的不幸人生遭遇未必不会引起他自己内心的戚戚感慨,否则"可以见士之欲垂名于千载,不与其澌然而俱尽者,则有在矣"的结论也说不出来。

沧浪亭不会说话,但亭子的变迁却见证了很多的人世悲欢!

作品原文

浮图文瑛居大云庵（ān），环水，即苏子美沧浪亭之地也。亟（jí）求余作《沧浪亭记》，曰："昔子美之记，记亭之胜也。请子记吾所以为亭者。"

余曰：昔吴越有国时，广陵王镇吴中，治园于子城之西南；其外戚（qī）孙承佑，亦治园于其偏。迨（dài）淮海纳土，此园不废。苏子美始建沧浪亭，最后禅者居之：此沧浪亭为大云庵也。有庵以来二百年，文瑛寻古遗事，复子美之构于荒残灭没之余：此大云庵为沧浪亭也。

夫古今之变，朝市改易。尝登姑苏之台，望五湖之渺茫，群山之苍翠，太伯、虞（yú）仲之所建，阖（hé）闾（lú）、夫差之所争，子胥、种、蠡（lǐ）之所经营，今皆无有矣。庵与亭何为者哉？虽然，钱镠（liú）因乱攘（rǎng）窃，保有吴越，国富兵强，垂

全文翻译

文瑛和尚居住在大云庵，那里四面环水，从前是苏子美建造沧浪亭的地方。（文瑛）多次请我写一篇《沧浪亭记》，说："过去苏子美的《沧浪亭记》，写的是亭子的胜景，请您就记述我修复这个亭子的缘由吧。"

我说：从前吴越建国时，广陵王镇守吴中，曾在内城的西南修建了一个园子；他的外戚孙承佑，也在它的旁边修了园子。等到吴越被宋国灭亡时，这个园子还没有荒废。最初苏子美在园中造了沧浪亭，后来住进了和尚：这是沧浪亭变而为大云庵。大云庵至今已有二百年的历史了，文瑛寻访亭子的遗迹，在废墟上按原来的样子修复了沧浪亭：这是大云庵变而为沧浪亭。

古今变迁，朝代改易。我曾经登上姑苏台，远眺浩渺的五湖，苍翠的群山，那太伯、虞仲建立的国家，阖闾、夫差争夺的地盘，子胥、文种、范蠡筹划的事业，如今都已消失殆尽了，大云庵和沧浪亭的兴废，算得了什么呢？虽然如此，钱镠趁天下动乱，窃据权位，占有吴越，国富兵强，传了四

及四世。诸子姻戚，乘时奢僭（jiàn），宫馆苑（yuàn）囿，极一时之盛。而子美之亭，乃为释子所钦重如此。可以见士之欲垂名于千载，不与其澌（sī）然而俱尽者，则有在矣。

文瑛读书喜诗，与吾徒游，呼之为沧浪僧云。

代，他的子孙亲戚，也借着权势大肆挥霍，广建宫馆园囿，盛极一时，而子美的沧浪亭，却被和尚如此重视。可见士人要想垂名千载之后，不（与吴越一起）迅速消失，是有（原因）的。

文瑛好读书，爱作诗，常与我们这些人游历，我们称他为沧浪僧。

文言积累

文化小常识

浮屠

"浮屠"也写作"浮图"，泛指僧人。

本文中还有"庵（小寺庙。多称尼姑居住处）""禅（是佛教'禅那'的简称，是佛教的一种修持方法）""释（泛指佛教）""僧（出家修行的男性佛教徒）"等词和佛教有关。

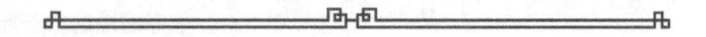

沧浪亭记

【汉字小课堂】

囿

形声字。《说文解字》：囿，苑有垣也。从囗（wéi），有声。本义为"有围墙畜养禽兽的地方，多指皇家园林"。由园子引申为泛指"果园、菜园"，比如"正月，囿有见韭"（《大戴礼记》）。又由此引申为"事物荟萃的地方"，比如"游于六艺之囿，驰骛乎仁义之途"（司马相如《上林赋》）。在此基础上，又引申为专指"（文学、艺术）荟萃之处"，比如"朝骈骛乎书林兮，夕翱翔乎艺囿"（韩愈《复志赋》）。囿有垣墙，引申为动词，表示"局限、限制"，比如成语"囿于成见"。

中国古代园林一般有三种分类方法：（1）按占有者身份可分为：皇家园林、私家园林、寺观园林；（2）按园林所处地理位置可分为：北方园林、江南园林、岭南园林；（3）按艺术风格可分为：自然式园林、规则式园林、混合式园林。

其中，皇家园林一般的称呼有："苑""囿""宫苑""园囿""御苑"等。

【实词加油站】

请子记吾所以为亭者

"为"在文言中就像万能词。做动词用，它的义项相当丰富。

比如例句中，和"（沧浪）亭"搭配，根据句意，就可以译为"建造"。而同篇文章中的"此沧浪亭为大云庵也"一句，其中"为"也是动词，译为"是"。日常生活中，带"为"的成语非常多。比如"见义勇为"，其中"为"译为"做"。比如在"好为人师"中，"为"译为"做、当"，但此"做"和"见义勇为"的"做"，从具体意义看，其实还是有区别的。

"化为乌有"中的"为"，译为"成为"。这在《庄子·逍遥游》里有更经典的例句：北冥有鱼，其名为鲲……化而为鸟，其名为鹏……

在本篇文章中，"乃为释子所钦重如此"句中的"为"字用法很特别，它在一个固定的表示被动的结构中："……为……所……"但这种结构中的"为"，不是实词，而是虚词中的介词。

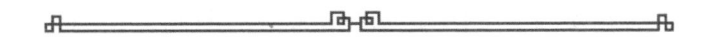

虚词积累库

夫古今之变，朝市改易。尝登姑苏之台，望五湖之渺茫，群山之苍翠，太伯、虞仲之所建，阖闾、夫差之所争，子胥、种、蠡之所经营，今皆无有矣。

之乎者也，亦已焉哉都是文言中常见的虚词。

有学者讲，文言文中的实词如"体骨"，易训；虚词如"性情"，难释。的确如此。实词去掉，能明显感觉到意思上的缺损。而去掉虚词，似乎只影响感觉，意思犹存。

例句中共有7个"之"，都是虚词，但用法有同有异。

其中"五湖之渺茫"与"群山之苍翠"中的"之"，用法应该是一样的，但是是作为放在主谓之间来起取消句子独立性作用的助词，还是起定语后置标志作用的助词却有着争议。当然，若是前者，这两句就应该这样翻译："五湖浩渺""群山苍翠"；而若是后者，这两句话的翻译就应该发生这样的变化："浩渺的五湖"和"苍翠的群山"。

其中"太伯、虞仲之所建"与"阖闾、夫差之所争""子胥、种、蠡之所经营"中的"之"，用法是一样的。这种情况，学界一般认为"之"是定语和中心语之间的助词，不必翻译。因为所字结构是不能作谓语的。从例句整体看，结构一致的这三句话，以并列的方式成为前面动词"望"的宾语。而宾语"所建""所争""所经营"，其实具体所指都是吴地。

例句中"古今之变"的"之"，作为结构助词，相当于现代汉语的"的"。但如果我们注意到后面"朝市改易"一句的结构，对"之"的理解也许会发生改变。认为"之"也可以处理为放在主语和谓语之间的助词。但是这样对待实际又忽略了一个基本情况：独立性被取消的内容，在整个句子中是什么成分呢？显然这种理解有逻辑上的缺陷。也就会引发争议。

"姑苏之台"的"之"是典型的结构助词。前后都是名词，前者是后者的定语。

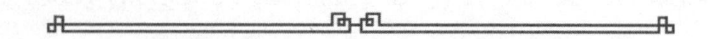

【句式精讲堂】

治园于子城之西南；此沧浪亭为大云庵也；复子美之构于荒残灭没之余；乃为释子所钦重如此

中学阶段一般强调四种特殊句式：省略句、判断句、倒装句、被动句。以上四例句，从先到后，正是这四类。这也说明一个事实，精研任何一篇典范文言，都会发现各种句式俱存，而从概念上也就知道在翻译时对这四种句式的还原目标。

另外，有时候一句话从不同的角度分析，实际上可以入不同的类。比如"治园于子城之西南"一句，从句子成分看，少了主语；从句子结构看，状语后置。因此，在翻译的时候，既要补充内容，又要调整顺序：（广陵王）在内城的西南修建了园子。

文本解读

古代文体纷繁，其中的"志""记"，广义上都是用来记载事情的文体。但"志"倾向于记载事情的发生演变过程，比较客观。"记"重在叙事、写景、状物，目的在于抒发作者的情操和抱负，或者阐述认识、观点。但这并不绝对，归有光的《沧浪亭记》和苏舜钦的《沧浪亭记》，名虽同，特点却差别很大。

"清风明月本无价，可惜只卖四万钱"，这是欧阳修《沧浪亭》诗里的句子，点明园林之自然美景。但是归有光的《沧浪亭记》中根本就没有美景，却被选进了《古文观止》，为什么呢？

本文结构简单。四个段落分别是写作事由、园林历史、议论思考、人物关系。很显然，其中归有光从历史审视园林以及他议论思考的内容有不容忽视的魅力。

当归有光把重建沧浪亭这件事放在历史变迁中写，一个小小的景点变化在漫长的时间里就有了沧桑感。再加上推及"今古之变，朝市改易"，进而联想到登姑苏台而望吴地，而想到这块英雄之地上的历史人物也如云烟消逝，作者的思想境界，作品的谋篇立意也就与众不同。

这篇作品除句式整散有致之外，谋篇还有一点值得称道：内容上的对比处理和表达上的引而不发。

作者写历史细而写现实粗。这样对比处理的效果就是凸显出沧浪亭的历史厚度。而写历史之盛况与"今皆无有"，也就能很巧妙地引出后面的议论。而议论中的认识才更有不灭的光彩：士之欲垂名千载之后，还是靠他的道德文章。

此沧浪亭为大云庵也；此大云庵为沧浪亭也。似乎只是语序上的变化，但一"为"字，千般变化、万般感受在其中。字面意思易懂，背后情味难言。作者没有对现实或者历史盛况后的衰败着笔，可是写历史之盛后，干脆利落，戛然收笔，很容易让读者生出无限感慨。

专题：知识分子的进与退

中国传统的知识分子受到儒家思想影响，有非常强烈的"入世"愿望。他们渴望通过读书来济世，"推己及人""修齐治平"已深植于他们的灵魂，成为他们一生孜孜以求的目标。于是，他们进入官场，渴望能有一番作为。

这里所说的知识分子，不是那些仅将读书作为升官发财路径之人，而是具有文人风骨、有兼济天下之心的真文人。他们往往在思想上具有独立性，有自己的政治理想、政治追求，他们将正义内化于心，以"仁人""君子"要求自己，品性高洁。因此，当他们得遇明主时，便竭尽全力。而当其所生非清明之世或所遇非明主时，就常常在行为上表现出与当权者不合作的特点。

"富贵不能淫，贫贱不能移，威武不能屈"是知识分子独立性的最高境界。但这样的追求，也经常让他们陷入困境。他们在官场上常不懂变通，不能遵从官场的定律，因此总会遭遇排挤和非议。如我们读到的范仲淹的《岳阳楼记》、苏轼的《超然台记》《前赤壁赋》《后赤壁赋》、欧阳修的《醉翁亭记》、苏辙的《黄州快哉亭记》等都是作者被贬谪时的作品。

文人在官场上的格格不入，使得他们不得不远离政治中心，有些人主观上开始憎恶官场，产生了与儒家"入世"相反的"出世"思想，由此寄情山水，在山水自然中寻找心灵的慰藉。苏舜钦在遭受贬谪、流寓苏州时，修建了沧浪亭，并写了著名的《沧浪亭记》，他说："惟仕宦溺人为至深。古之才哲君子，有一失而至于死者多矣。"只有仕宦之途、名利之场使人陷入最深，自古以来，不知有多少有才德之人因政治上的失意忧闷致死。他在纵览沧浪亭的美景时获得了心灵的救赎，安于冲旷，笑悯万古。几百年后，僧人文瑛重修沧浪亭，归有光为此再写《沧浪亭记》，指出很多人为吴越之地争夺不休，最终却什么也没有留下，反倒是这座沧浪亭，却被人们推崇。可见，士人欲名垂青史，应该有它内在的规律，有自己的原因。归有光没有明说，但我们可以看出，他所肯定的应该正是拥有苏舜钦那样品性与选择的文人。我们亦能看出归有光超脱尘世、淡泊名利的情怀。在这个方面做到极致的当数陶渊明了，"采菊东篱下，悠然见南山"中的宁静淡远，"悦亲戚之情话，乐琴书以消忧"的审美化的田园生活，已成为后世很多文人的追求。

但大部分有济世情怀的知识分子在远离政治中心时，往往心怀不甘，因为他们"天下归仁"、济世的理想并未实现。因此，即便处于一个小小的官位上，他们也励精图治，追求政通人和的太平盛世，如《岳阳楼记》中的滕子京，《醉翁亭记》中与民同乐的欧阳修，《超然台记》中治理密州的苏轼。他们即便被贬谪也心忧朝堂，这就是范仲淹所说的"进亦忧，退亦忧""先天下之忧而忧，后天下之乐而乐"，这真是非常博大的情怀。

而当回到朝堂的最后一丝念想也被剥夺时，他们便会陷入强烈的痛苦中，这就是前后《赤壁赋》中的苏轼。苏轼在黄州任团练副使，没有任何实权，他在《前赤壁赋》中渴望"美人"（即他的政治理想），但"美人"却在天的另一边，可望而不可即。在此种情境之下，苏轼只能用佛家的平常心来安慰自己，用道家的"物我同一"的思想开解自己，让自己纵情于山水间，在山水中获得心灵的安适。由此看来，知识分子的"出世"，他们的"退"也是不得已而为之，他们更渴望成就自己，"入世"、进入朝堂才是他们的理想。

但无论是进入朝堂还是退出朝堂的知识分子，我们看到的都是一些高贵的灵魂，一些独立的个体。他们的傲世之姿，他们兼济天下的情怀，才是他们名垂青史的真正原因。如今，我们早已记不清他们曾经当过多大的官，却能记得他们闪光的思想、高贵的人格。

王世贞

王世贞（1526—1590），字元美，号凤洲，又号弇（yǎn）州山人。太仓（今江苏）人。嘉靖二十六年（1547）进士，累官至刑部尚书。其早年与李攀龙等同为明代文坛"后七子"的领袖人物。有《弇州山人四部稿》等。

蔺相如完璧归赵论

『创作背景』

王世贞死于万历十八年（1590），生前仕途颇有正声，因支持兵部员外郎杨继盛而得罪严嵩。其父王忬也因得罪严嵩父子，被严嵩以"滦河失事"的罪名斩首。后其父冤案昭雪，王世贞也决意不再出仕。万历初年，明神宗年幼，张居正首辅朝政，曾有意重用王世贞。但王世贞对张居正却不亲近依附，后来二人关系更是生嫌隙，他的官职也起起落落。

王世贞更大的名声来自文学。他天生异禀，读书能过目成诵，而且终身不忘。明嘉靖二十六年（1547），他21岁时就考中了进士。好为诗文，在京师做官时，就加入了诗社，后来又与李攀龙、宗臣等人唱和文坛，很长一段时间都是文坛领袖。

王世贞继承明代文坛"前七子"的主张，认为散文自西汉以后、诗歌从盛唐以来，都不值得一读。其实这不必过多非议，因为但凡改革，口号都往往决绝，以便引人注意、反应。王世贞自己晚年也喜欢恬淡自然，也对自己盛年发表的《艺苑卮言》中的一些内容生过悔意。

以司马迁《史记》为代表的史书，一边倒地肯定、赞美蔺相如这样智勇兼具的文臣，但王世贞却不以为然，认为完璧归赵只是天意，非靠人力。这样的论调当然有他的逻辑，自然也可能留下供他人辩驳的漏洞。

他的观点可取之处在哪儿？漏洞又在哪儿呢？

作品原文

蔺(lìn)相如之完璧，人皆称之。予未敢以为信也。

夫秦以十五城之空名，诈赵而胁其璧。是时言取璧者情也，非欲以窥赵也。赵得其情则弗(fú)予，不得其情则予；得其情而畏之则予，得其情而弗畏之则弗予。此两言决耳，奈之何既畏而复挑其怒也！

且夫秦欲璧，赵弗予璧，两无所曲直也。入璧而秦弗予城，曲在秦。秦出城而璧归，曲在赵。欲使曲在秦，则莫如弃璧；畏弃璧，则莫如弗予。夫秦王既按图以予城，又设九宾，斋而受璧，其势不得不予城。璧入而城弗予，相如则前请曰："臣固知大王之弗予城也。夫璧非赵璧乎？而十五城秦宝也。今使大王以璧故而亡其十五城，十五

全文翻译

蔺相如完璧归赵，人人都称道他，我不敢把它当作真的。

秦国用十五座城的空名，来欺骗赵国并且勒索它的和氏璧。这时说它要骗取璧是实情，不是想借此来窥视赵国。赵国如果知道了这个实情就不给它，不知道这个实情就给它；知道了这个实情而害怕秦国而给它，知道这个实情而不害怕秦国就不给它。这两句话就能解决，怎么能够既害怕秦国又去激怒秦国呢。

况且秦国想得到这块璧，赵国不给它，双方本来都没有什么曲直是非。赵国交出璧而秦国不给城池，秦国就理亏了。秦国给了城池而赵国却拿回了璧，就是赵国理亏。要想使秦国理亏，不如就放弃璧。害怕丢掉璧，就不如不给它。秦王既然按照地图给了城池，又设九宾的隆重礼仪，斋戒之后来接受璧，那种形势是不得不给城池的。如果秦王接受了璧而不给城池，蔺相如就可以上前质问他："我本来就知道大王不会给城池。这块璧不是赵国的吗？而十五座城池也是秦国的宝物。现在假使大王因为一块璧而丢掉十五座城池，十五座城中的百姓，都会以把我们像小草一样抛弃的理由深恨大王。大王不给城池，而骗夺了赵国的璧，因为一块

城之子弟，皆厚怨大王以弃我如草芥也。大王弗予城，而绐（dài）赵璧，以一璧故而失信于天下，臣请就死于国，以明大王之失信。"秦王未必不返璧也。今奈何使舍人怀而逃之，而归直于秦！是时秦意未欲与赵绝耳。令秦王怒而僇（lù）相如于市，武安君十万众压邯郸，而责璧与信，一胜而相如族，再胜而璧终入秦矣。

吾故曰：蔺相如之获全于璧也，天也。若其劲渑池，柔廉颇，则愈出而愈妙于用。所以能完赵者，天固曲全之哉！

璧而在天下人面前失去信用，我请求死在这里，来表明大王的失信。"这样，秦王未必不归还璧。但是当时为什么要派手下人怀揣着璧逃走，而把秦国处在理直的一方呢？这时候秦国本意并不想与赵国断绝关系。假如秦王发怒在街市上杀掉蔺相如，派武安君率领十万大军进逼邯郸，进而要求和氏璧和赵国的失信，一次获胜就可以使相如灭族，再次获胜而璧最终还是落到秦国手里。

我因此说：蔺相如能保全这块璧，是天意。至于他在渑池以强硬的态度对付秦国，在国内以谦和的姿态对待廉颇，策略上越来越高明。能保全赵国的原因，是上天成全他！

文言积累

文化小常识

璧、瑗、环、玦

玉璧、玉瑗、玉环、玉玦，是中国古代圆形玉器，外形相似。中心孔径小于边宽的圆玉叫玉璧；中心孔径大于边宽的圆玉叫玉瑗；中心孔径等于边宽的圆玉叫玉环；周边有一个缺口的圆玉叫玉玦。在古代中国，四种圆玉各有用途和含义：问士以璧，召人以瑗，绝人以玦，反绝以环。(《荀子·大略》) 再具体点说，就是：玉璧是重要的礼物，向对方表达敬意和问候；玉瑗是一种地位高者召见地位低者的信物；玉环表示修好、认可；玉玦表示绝交、反对。

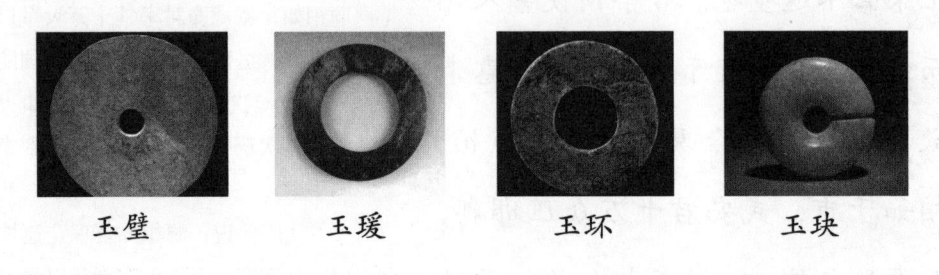

玉璧　　　　玉瑗　　　　玉环　　　　玉玦

【汉字小课堂】

信

会意字。《说文解字》：信，诚也。从人，从言，会意。

"信"的本义就是"言语真实"，比如"信言不美，美言不信"（《道德经》）。由此引申为"诚实，有信用"，比如"与朋友交而不信乎"（《论语》）。又引申为"的确，确实，果真"，比如"闻大王将攻宋，信有之乎"（《吕氏春秋》）。因为真实就可信，所以引申为"相信"，比如"吾始于人也，听其言而信其行"（《论语》）。由"相信"而引申为"信奉"，比如"善男信女"。因为相信则易听从，所以由"相信"又引申为"任意"，比如"低眉信手续续弹""信马由缰""信笔涂鸦""信口开河"中的"信"。"真实"的东西往往可做凭证，所以"信"又引申为"凭证""符信",比如"信物"。在此基础上又可以引申为"使者",比如"便可断来信"(《孔雀东南飞》),由"信使"又引申为"消息,音讯",进而引申为"书信"。比如"开拆远书何事喜,数行家信抵千金"(李绅《端州江亭得家书》)。

信,有时借作"伸",读作shēn,表示"伸张"之义。比如"欲信大义于天下"(《三国志·诸葛亮传》)。

【实词加油站】

相如则前请曰

在现代汉语中,"前"更多的情况是作为名词来使用,表示时间、空间或者次序上的一种状态。比如"空前绝后""榆柳荫后檐,桃李罗堂前""前赤壁赋"。但在古汉语中,"前"作为动词使用的频率不低。比如在例句中,"前"释为"上前"的意思。"勇往直前""畏缩不前"中的"前"都是动词,讲为"前进"。

"前途"的"前"释为"未来的",显然是由时间上的"前"引申而来。

《说文解字》:前,齐断也。从刀䇂(qián)声。而又有䇂,不行而进谓之䇂。从止在舟上。

今使大王以璧故而亡其十五城

"亡羊补牢"的"亡",不是"死亡"之义,而是"失去"的意思。

例句里的"亡"也是"失去"的意思，毕竟，"城池"也不可能"死亡"。在"今刘表新亡，而二子不协"（《资治通鉴》）中，"亡"显然是"死亡"的意思，而在"天行有常，不为尧存，不为桀亡"（《荀子·天论》）中，"亡"的释义应该在"死亡"之义上有所引申，讲为"灭亡、消亡"。在"塞翁失马"的寓言里，"马无故亡而入胡，人皆吊之"，因为有"入胡"二字，可见马并没有死，"亡"只是"逃跑"的意思，这种释义也很常见，比如《史记·陈涉世家》"今亡亦死，举大计亦死"中，"亡"与"举大计"相对，释为"逃跑"。

"亡"还有一种特殊的用法，引申为"没有"的意思，在文言中常视为"无"的通假。比如《列子·汤问》"河曲智叟亡以应"的"亡"，《论语》"子张篇"里的"日知其所亡，月无忘其所能，可谓好学也已矣"一句中的"亡"，再比如《汉书》苏武故事"自苦亡人之地"里的"亡"。

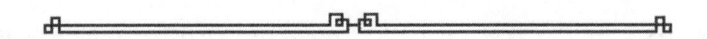

【虚词积累库】

予未敢以为信也

"以"在文言中是高频词。有动词和名词的用法，更常见的是作介词、连词。介词一般位于名词或代词之前，常用来说明事物间的各种关系，或者表示对象、地点、时间、方向、方式等意思。比如，"以卵击石"的"以"；"以"也做连词，往往连接词与词，短语与短语以及句与句。比如，"坐以待毙"的"以"。

在例句中,"以"和"为"连在一起使用,增加了辨别的难度。因为在文言中,"以""为"连用,并且和现代汉语"以为"用法相同的情况也存在,比如《史记·廉颇蔺相如列传》"臣窃以为其人勇士,有智谋,宜可使"中的"以为"就译为"认为"。

因此在日常学习中,如果文言语句中的"以为"能直接替换成现代汉语的"认为"而不改变语义,这说明是一个词。但如果不能,则很有可能只是形似,而实际是"以"和"为"两个单音节词的连用。比如《烛之武退秦师》"若舍郑以为东道主"中的"以为",实际是"以(之)为"的省略。

在本文中,"以"的使用频率也不低,用法多种。例句中的"以"作为"以……为",译为"把……当作"就相对合适。而"夫秦以十五城之空名"中的"以"是介词,译为"用";"非欲以窥赵也"中的"以"是连词,表示目的,译为"来";"今使大王以璧故而亡其十五城"中的"以",是介词,译为"因为";"臣请就死于国,以明大王之失信"中的"以",是连词,表目的,译为"来"。

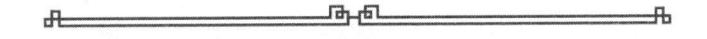

【句式精讲堂】

所以能完赵者,天固曲全之哉!

站在现代汉语的角度看,文言文的句式有几种特殊情况,其中一种便是判断句。现代汉语表判断时,经常用"×是×"的格式,而且,现代汉语中"是"这个词多数情况下是专门表判断的判断动词。而

"是"在文言中，多不是表判断的动词，而是指示代词。

借助虚词"者""也"表判断，是文言文中判断句的最常见形式。又分以下几种情况：

①"……者，……也"式。如：师者，所以传道受业解惑也。（《师说》）

②"……者也"式。如："城北徐公，齐国之美丽者也。"（《邹忌讽齐王纳谏》）

③"……者，……"式（只用"者"）。如："四人者，庐陵萧君圭君玉。"（《游褒禅山记》）

④"……也"式（只用"也"）。如："和氏璧，天下所共传宝也。"（《廉颇蔺相如列传》）

例句所示，正是第③种。

文本解读

"国小而不处卑，力少而不畏强，无礼而侮大邻，贪愎而拙交者，可亡也。"这是韩非子谈国家间的相处之道，尤其是针对小国而言。战国时代，秦赵相比，赵是小国，蔺相如是赵使者。

文章在最后说"蔺相如之获全于璧也，天也"，对"完璧归赵"的蔺相如的大智和大勇进行了全盘的否定。这个否定结论的得来，当然来自作者从开篇开始的议论。

作者认为面对强秦空名取璧，也就只需做出"弗予"或"予"的决定罢了，何必"既畏而复挑其怒也"？是赵不智。

接下来，作者认为秦赵两国在以璧换城一事上本无曲直，"今奈何使舍人怀而逃之，而归直于秦"，是赵不勇。

在最后一段中，作者提及"其劲渑池，柔廉颇，则愈出而愈妙于用"，是对蔺相如的认同，但很明显，肯定蔺相如的"愈出而愈妙于用"，也反证了在"完璧归赵"一事上蔺相如的不智不勇。

从行文的思路可以看出作者立意展开的过程，也暴露了作者的书生之见。不看天地人各方面的条件，不明国际政治斗争的残酷，也没有注意到外交征逐需要的机变灵活。

但是，书生意气，自圆其说是写翻案文章的必备条件，也由于有书生意气、能自圆其说，文章才能受人关注，甚至喜爱。

专题：以史为鉴可以明得失

《古文观止》中有很多历史叙事散文，如《左传》《战国策》《史记》等，亦有很多讨论历史事件的议论性散文，如贾谊的《过秦论》、苏辙的《六国论》、欧阳修的《新五代史·伶官传序》、王世贞《蔺相如完璧归赵论》等。前者重在记录历史事实，后者重在以历史事实为基础进行抒情议论。无论是前者还是后者，历史散文中都蕴含了作者个人的倾向与创作目的。

《左传》"微言大义"、一字寓褒贬，从这些"微言"中，读者能看出作者的态度。如"郑伯克段于鄢"中的"郑伯""克""段"等字眼，可以看出对哥哥不能劝诫弟弟、弟弟僭越攻打哥哥等无礼行为的批判，所以，《左传》实则也是孔子儒家强调"克己复礼""天下归仁"思想的反映。《史记》中无论是叙事还是文本末尾的"太史公曰"中，都能看出太史公的情感倾向，或褒或贬，一目了然。记录历史事实，是无法完全保持"零度写作"的状态的。

而由历史事实申发出来的议论性散文，就带有作者更强烈的主观色彩了。以贾谊的《过秦论》与苏辙的《六国论》为例，两文都讨论了六国覆灭之因，但观点却明显不同。贾谊站在秦国的角度，认为秦国对内对外实施了一系列"仁义"之策，最终使得六国联盟流血漂橹，强国请服，弱国入朝。而苏辙则认为六国被灭是六国之士不明白天下的形势造成的。我们很难断定谁的论说更合理，但他们都有自己的论述出发点，亦有自己内在的论证逻辑，为自己的论证目的服务。贾谊为了劝诫当时西汉帝王能实行仁政，于是写了《过秦论》。《过秦论》文体的归属问题，历来存在争论，有学者认为，它并未完全遵照历史事实，不能算是一篇史论文，而应该是一篇政论文。但这不是我们关注的重点，我们更需要知道作者是如何在自己的思维里完成逻辑自洽的，他用了什么样的论证手段，采取了哪些论证形式，作品的现实意义是什么。同样，欧阳修的《新五代史·伶官传序》一文，也值得我们反思，后唐李存勖的失败仅仅是伶官造成的吗？作者单为伶官写了传记，实则也是采用了以小见大的方法，让当时北宋的统治者能注意"祸患常积于忽微，智勇多困于所溺"，能关注日常政务，不能沉溺于享乐。

以史为鉴可以明得失。于当权者而言，能于历史的成败中悟得治国之道；于大部分平凡之人而言，能明白修身的重要性。当我们回溯历史时，我们是否也应该以郑伯为戒，在日常的生活中做自己应该做的？我们是否在读《屈原列传》时，仰望过屈原高大伟岸的身姿，为其自沉汨罗江而叹息，但同时也会思考生命的价值究竟是什么，以死力谏还是明哲保身，这是一个问题。我们在读六国与秦国的故事时，是否也会将自己代入其中，想想自己如果是历史的直接参与者，又会做到什么程度呢？……

历史是需要一读再读的，它是涵养我们性情、促进我们思考的重要手段。当读之，思之，行之。

袁宏道

袁宏道（1568—1610），字中郎，又字无学，号石公。湖广公安（今湖北公安）人。明万历二十年（1592）进士。与兄袁宗道，弟袁中道并有才名，时称"公安三袁"。反对"文必秦汉，诗必盛唐"的文学风气，提出"独抒性灵，不拘格套"的性灵说。有《袁中郎全集》四十卷。

徐文长传

『创作背景』

这篇文章写于明朝万历二十七年（1599）的春天。袁中郎三十一岁。

原本这篇传记的前面还有一小段文字，描述了写作前的一些细节。可是作者为什么要为一位名声都没有流传出浙江地区的文人作传呢？仅仅是因为仰慕吗？

袁中郎，明朝万历年间湖北公安的才子，十五岁就在公安县城南结文社，自立为长，很有威信，三十岁以下的人都听其约束。他们提倡"独抒性灵，不拘格套"，在文学创作上与明朝弘治、嘉靖年间的"前后七子"针锋相对，认为不能一味复古，不应厚古薄今，各个时代的文学都具有自己的特色，文学要充分表现作者的个性。袁中郎还是性情豪放的人，可是，当他二十八岁被朝廷派任富庶甲天下的苏州县令，他也曾在官任上抱怨说"吏情物态，日巧一日；文网机阱，日深一日；波光电影，日幻一日"。可见无论创作还是生活，他都要面对束缚与障碍，似乎身心都不自由。

而徐文长（1521—1593）是与袁中郎同时代人，虽年龄有别，但同样有才而率真狂傲。同样面对严酷的现实，也同样地不遏胸中真率的性情。所以，袁中郎写文长，实际是在写自己。正所谓"英雄惜英雄"。

作品原文

徐渭，字文长，为山阴诸生，声名籍甚。薛公蕙校（jiào）越时，奇其才，有国士之目。然数奇（jī），屡试辄蹶（jué）。中丞胡公宗宪闻之，客诸幕。文长每见，则葛（gé）衣乌巾，纵谈天下事，胡公大喜。是时公督数边兵，威镇东南，介（jiè）胄（zhòu）之士，膝语蛇行，不敢举头，而文长以部下一诸生傲之，议者方之刘真长、杜少陵云。会得白鹿，属（zhǔ）文长作表，表上，永陵喜。公以是益奇之，一切疏计，皆出其手。文长自负才略，好奇计，谈兵多中，视一世事无可当意者。然竟不偶。

文长既已不得志于有司，遂乃放浪曲糵（niè），恣情山水，走齐鲁、燕赵之地，穷览朔漠。其所见山奔海立、沙起雷行、雨鸣树偃、

全文翻译

徐渭，字文长，是山阴生员（俗称秀才），名声很大，薛公蕙作浙江试官时，很是赏识他的才华，认为他是国家的栋梁之材。然而他命途多舛，屡屡落第。中丞胡公宗宪听说后，聘他做幕僚。文长每次参见胡公，总是葛布长衫，头戴乌巾，侃侃而谈天下大事，胡公听后十分赞赏。当时胡公统率着军队，威镇东南，部下将士在他面前，总是跪下回话，不敢仰视。而文长一介书生对胡公的态度却很高傲，好事者把他比作刘真长、杜少陵（即杜甫）一样的人物。恰逢胡公猎得一头白鹿，以为祥瑞，嘱托文长写贺表，表文呈上后，世宗皇帝很满意。胡公因此更加器重文长，所有疏奏计簿都交他办理。文长自信才能过人，谋略出众，谈论军情往往非常准确。他觉得世间的事物没有合乎他的心意，然而却总是没有一展抱负的机会。

文长在官场不得意，于是就放浪形骸，纵情山水，走遍了齐鲁燕赵等地，又饱览了塞外大漠。他所见的山峦起伏、海浪壁立、黄沙满天和雷声震天的景象，风雨交加、树木倒伏、幽谷闹市、奇人异士、珍稀鱼鸟，一

幽谷大都、人物鱼鸟，一切可惊可愕之状，一一皆达之于诗。其胸中又有勃然不可磨灭之气，英雄失路、托足无门之悲，故其为诗，如嗔如笑，如水鸣峡，如种出土，如寡妇之夜哭，羁人之寒起。虽其体格时有卑者，然匠心独出，有王者气，非彼巾帼而事人者所敢望也。文有卓识，气沉而法严，不以摸拟损才，不以议论伤格，韩、曾之流亚也。文长既雅不与时调合，当时所谓骚坛主盟者，文长皆叱而怒之，故其名不出于越，悲夫！

喜作书，笔意奔放如其诗，苍劲中姿媚跃出，欧阳公所谓"妖韶女，老自有余态"者也。间以其余，旁溢为花鸟，皆超逸有致。

卒以疑杀其继室，下狱论死。张太史元忭力解，乃得出。晚年愤益深，佯狂益甚，显者至门，或拒不纳。时携钱至酒肆，呼下隶与饮。

切令人惊讶的情状，他都一一化入了诗中。他胸中郁结着强烈的抗争精神和报国无门的悲凉，所以他的诗，嬉笑怒骂，如水奔流出峡谷，如春芽破土，像寡妇深夜的哭声，像逆旅行客迎寒启程。虽然他诗作的形式格调，有时不高明，但是匠心独运，有王者之气。不是那种像以色事人的女子一般媚俗的诗作所能赶得上的。徐文长在文章写作上有真知灼见，他的文章气势沉着法度精严，他不压抑自己的才能，也不无节制地议论以致打破了文章的思路，真是韩愈、曾巩一流的文章家。徐文长志趣高雅，不与时俗苟合，当时的所谓文坛领袖，他也都加以抨击。所以他的文字只局限在浙江，令人为之悲哀！

文长喜好书法，用笔奔放有如作诗，在苍劲豪迈中又使妩媚的姿态跃然纸上，正是欧阳公所谓的"迟暮美人另具韵味"。他还善作花鸟画，也都超逸有情致。

后来，文长因猜疑杀了他的继室妻子，被判死罪。太史张元忭极力营救，才得以出狱。徐文长晚年更加愤世嫉俗，装疯卖傻，达官贵人登门拜访，时时拒而不见。（却又）时常带着钱到酒店，叫来下人一起喝酒。有时自己拿斧头砍自己的头，血流满或自持斧击破其头，血流被面，头骨皆折，揉之有声。或以利锥锥其两耳，深入寸余，竟不得死。周望言晚岁诗文益奇，无刻本，集藏于家。余同年有官越者，托以抄录，今未至。余所见者，《徐文长集》《阙编》二种而已。然文长竟以不得志于时，抱愤而卒。

石公曰：先生数奇不已，遂为狂疾。狂疾不已，遂为图（líng）圄（yǔ）。古今文人牢骚困苦，未有若先生者也。虽然，胡公间世豪杰，永陵英主。幕中礼数异等，是胡公知有先生矣；表上，人主悦，是人主知有先生矣，独身未贵耳。先生诗文崛起，一扫近代芜秽之习，百世而下，自有定论，胡为不遇哉？梅客生尝寄予书曰："文长吾老友，病奇于人，人奇于诗。"余谓文长无之而不奇者也，无之而不奇，斯无之而不奇也，悲夫！

面，头骨破碎，用手揉搓碎骨咔咔有声。有时还用尖利的锥子锥入自己双耳，一寸多深，竟然没死。周望说文长的诗文到晚年愈加奇崛，没有刻本，诗稿都藏在家中。我有在浙江做官的同年，曾委托他们抄录文长的诗文，至今没有得到。我所见到的，只有《徐文长集》《阙编》二种而已。而今徐文长竟因不合于时，抱恨而死。

石公说：先生的命途多艰，致使他激愤疯狂，狂病发作，又被抓入狱。古今文人的牢骚和苦难，没有比得上先生的。尽管如此，仍有胡公这样百年难遇的豪杰、世宗这样英明的君主（赏识他）。在胡公幕府中受到特殊礼遇，这是胡公对先生的赏识；上奏表文博得皇帝的欢心，表明皇帝也赏识他，唯一遗憾的就是身份未能显贵。先生诗文的崛起，一扫近代文坛荒秽之气，百世之后，自有定论，什么叫生不逢时呢？梅客生曾经写信给我说："徐文长是我的老朋友，他的怪病比本人更要怪，而他的人又比他的诗更要奇。"我则认为徐文长没有一处不奇怪的。正因为没有一处不奇怪，这也就注定他到哪里都不得志。可悲啊！

附

余一夕坐陶太史楼，随意抽架上书，得《阙（quē）编》诗一帙（zhì），恶楮（chǔ）毛书，烟煤败黑，微有字形。稍就灯间读之，读未数首，不觉惊跃，急呼周望："《阙编》何人作者，今邪古邪？"周望曰："此余乡徐文长先生书也。"两人跃起，灯影下读复叫，叫复读，僮仆睡者皆惊起。盖不佞生三十年，而始知海内有文长先生，噫，是何相识之晚也！因以所闻于越人士者，略为次第，为《徐文长传》。

全文翻译

一天晚上，我坐在陶周望家楼上，随意抽阅架上陈放的书，得《阙编》诗集一函。纸张装订都很差，刷板墨质低劣，字迹模糊不清。我略凑近灯前阅读，看了没几首，不由得惊喜欢跃，连忙叫周望，问他："《阙编》是谁作的？是今人还是古人？"陶周望说："这是我同乡前辈徐文长先生的诗集。"我们俩跳起来，聚在灯影下，诵读一阵，再叫绝一番，叫绝一番，又诵读一阵，睡着的用人们都被惊醒了。想不到我活了三十年，今天才得知海内有徐文长先生，真是相见恨晚啊！为此，我把从浙江那里打听来有关于先生的生平，略为编排，写成了这篇《徐文长传》。

文言积累

文化小常识

前后七子

明朝中期开始，文学领域出现了以复古为口号的革新运动。冲破了明初以来歌功颂德的"台阁体"颓靡文风。运动持续约百年，影响深远。《明史·李梦阳传》中有言：天下推李（梦阳）、何（景明）、王

（世贞）、李（攀龙）四大家，无不争效其体。

"前七子"指弘治年间以李梦阳、何景明为首，包括徐祯卿、边贡、康海、王九思和王廷相。

"后七子"指嘉靖年间以李攀龙、王世贞为首，包括谢榛、宗臣、梁有誉，徐中行、吴国伦。

前后七子文学创作上主张"文必秦汉，诗必盛唐，大历以后书勿读"。客观上缓解了"台阁体"文风造成的文学危机，但也因为盲目尊古，走窄了文学创作之路。

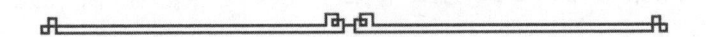

【汉字小课堂】

遇

形声字。《说文解字》：遇，逢也。从辵，禺声。本以为"相逢，不期而会"。比如《资治通鉴·赤壁之战》"与操遇于赤壁"的"遇"。由不期而会，引申为"机会，际遇"，如明人张溥《五人墓碑记》"凡四方之士，无有不过而拜且泣者，斯固百世之遇也"中的"遇"。又引申为"对待，招待"，比如《史记·屈原列传》"出则接遇宾客，应对诸侯"一句中的"遇"。

"对待，招待"之义又特指"得到君主信任"，比如常见的说法：怀才不遇。又引申为"接触"，比如《庖丁解牛》"臣以神遇而不以目视"中的"遇"。

【实词加油站】

无之而不奇，斯无之而不奇也

放在上下文中，这句话可以翻译为：（徐文长）没有一处不（使人们）奇怪。正是他不论到哪里都不得志（的原因）。前面的"奇"读qí，后面的"奇"读jī。

"奇"字，在文章中出现多次。

① "奇其才，有国士之目。"（动词，意动用法。可译为"觉得……不一般"。）

② "然数奇，屡试辄蹶。"（形容词，读jī，译为"不顺当"。指命运不好。）

③ "公以是益奇之。"（同①）

④ "好奇计，谈兵多中"（形容词，可译为"出人意料、变幻莫测"。）

⑤ "先生数奇不已"（同②）

⑥ "病奇于人，人奇于诗。"（形容词，可译为"奇怪"。）

⑦ "余谓文长无之而不奇者也"〔动词，可译为"（使人们）感到奇怪"。〕

本文中的"奇"的使用，包含了"奇"的主要义项。但"奇"的释义尚不止这些。比如苏轼《饮湖上初晴后雨》"水光潋滟晴方好，山色空蒙雨亦奇"中，"奇"与"好"近义，都是"美好"的意思。"奇"可以做副词用，表示"极、甚"，比如"奇缺""奇贵"中的"奇"。

读jī时，还可以表示"余数、零数"，比如"五十有奇"，魏学洢《核舟记》"长约八分有奇"中的"奇"。

文本解读

有人讲这篇文章的布局谋篇是"一字立骨"。这一字,便是"奇"。整篇文章除掉篇末"石公曰"这部分内容,前四个段落都是在写徐文长的"奇"。

开篇以传统传记手法介绍徐文长后,第一段写才识奇。先后用薛公"奇其才",胡公"客诸幕",议者"方之刘真长、杜少陵"以及"永陵喜"来写徐文长的才华和狂傲。用"然竟不偶",一转折一收束。

第二、三段写徐文长的诗文奇、书画奇。前者详而后者略。前者写徐文长以诗言志,他的诗源于生活。"如嗔如笑,如水鸣峡,如种出土,如寡妇之夜哭,羁人之寒起。"连用六个比喻,形象生动地写出文长的诗歌风格。关键是其"匠心独出,有王者气"。而很明显"文有卓识,气沉而法严,不以摸拟损才,不以议论伤格"符合明朝前后七子的复古主义主张。第二段段末又以"其名不出于越"一句一转一收,然后直抒胸臆:悲夫!第三段简写徐文长的书法"笔意奔放如其诗,苍劲中姿媚跃出"。徐文长花鸟画"超逸有致"。

第四段写徐文长性情奇,命途也奇(jī)。杀继室,拒显者,"呼下隶与饮",持斧破头,以锥锥耳,"愤益深""佯狂益甚"。其中要特别注意"佯"字。徐文长不是真疯狂,一切都是他有意为之。

从传记看,作者写徐文长有衬托(薛公、胡公、议者)、有对比(显者与下隶),详略结合,意在才华性情品质。有比喻、有排比,写人物形象而突出。

最后一段也有作者的强烈情感抒发。"悲夫"是直抒胸臆,强烈表达。有同情更有愤怒!

张 溥

张溥(1602—1641),初字乾度,后字天如,号西铭。明代娄东(今江苏)太仓人。崇祯朝进士。与同乡张采齐名,合称"娄东二张"。复社的创始人和领袖。主张"复兴古学""务为有用",著有《七录斋集》。

五人墓碑记

『创作背景』

《五人墓碑记》写于崇祯元年。崇祯帝朱由检,是明朝的最后一位君王。十八岁登基,十七年后自缢煤山。史载年轻有为,勤于政事,生活节俭,却最终未能挽狂澜于既倒。原因很简单,朝廷统治早已危机四伏,积重难返。

崇祯之前,明熹宗朱由校天启年间,社会矛盾已经激化,暴动时有发生。朝廷任何的加压都可能造成民众更强烈的反抗。这种局面其实是明中叶以后,尤其是万历皇帝之后,明朝中央政府残酷掠夺、恐怖统治造成的。而天启朝宦官魏忠贤把持朝政,政治恶态有增无减。以丝织闻名的苏杭地区因富庶而更受侵掠,民怨早就加倍累积。

天启四年(1624),苏州终于发生罢织事件,魏忠贤党羽为排斥异己,以"煽动"罪名逮捕惩治吏部员外郎周顺昌等人。苏州人颜佩韦、马杰、沈扬、周文元、杨念如五人激于义愤,聚众请愿,要为周顺昌开脱。魏党官员的嚣张态度,最终引起官民冲突,造成死伤。再后来,朝廷派军队捉拿并杀害了这五人。崇祯帝继位,魏忠贤自杀,苏州人又请求朝廷,废魏忠贤生祠以墓葬五人。

写文颂扬"五人义举"的时候,张溥才二十六岁。才学加上激情,锋芒毕露,名动天下,后被推为民意领袖。然而,这也埋下了张溥英年早逝之人生悲剧的伏笔。

作品原文

　　五人者,盖当蓼(liǎo)洲周公之被逮,激于义而死焉者也。至于今,郡之贤士大夫请于当道,即除魏阉(yān)废祠之址以葬之;且立石于其墓之门,以旌其所为。呜呼,亦盛矣哉!

　　夫五人之死,去今之墓而葬焉,其为时止十有一月耳。夫十有一月之中,凡富贵之子,慷慨得志之徒,其疾病而死,死而湮(yān)没不足道者,亦已众矣;况草野之无闻者欤?独五人之皦皦(jiǎo),何也?

　　予犹记周公之被逮(dài),在丁卯三月之望。吾社之行为士先者,为之声义,敛赀(zī)财以送其行,哭声震动天地。缇(tí)骑(jì)按剑而前,问:"谁为哀者?"众不能堪,抶(chì)而仆(pū)之。是时以大中丞抚吴者,为魏之私人,周公之逮所由

全文翻译

　　(墓中的)五个人,就是当周蓼洲先生被捕的时候,激于义愤而死于这件事的。到了现在,本郡有声望的士大夫们向有关当局请求,清理已被废除的魏忠贤生祠旧址来安葬他们;并且在他们的墓门之前竖立碑石,来表彰他们的事迹。啊,也真是盛大隆重的事情呀!

　　这五人的死,距离现在建墓安葬,时间不过十一个月罢了。在这十一个月当中,大凡富贵人家的子弟,意气豪放、志得意满的人,他们因患病而死,死后埋没不值得称道的人,也太多了;何况乡间没有声名的人呢?唯独这五个人声名光荣显耀,为什么呢?

　　我还记得周公被捕,是在天启七年农历三月十五日。我们社里那些道德品行可以作为读书人的表率的人,替他伸张正义,募集钱财送他起程,哭声震天动地。差役们按着剑柄上前,问:"为谁悲痛?"大家不能再忍受了,把他们打倒在地。当时以大中丞职衔作应天府巡抚的是魏忠贤的党羽,周公被捕就是由他主使的;苏州的老百姓正在痛恨他,这时趁着他厉声呵骂的时候,就一齐

使也；吴之民方痛心焉，于是乘其厉声以呵（hē），则噪而相逐，中丞匿于溷（hùn）藩以免。既而以吴民之乱请于朝，按诛五人，曰颜佩韦、杨念如、马杰、沈扬、周文元，即今之傫（léi）然在墓者也。

然五人之当刑也，意气扬扬，呼中丞之名而詈（lì）之，谈笑以死。断头置城上，颜色不少变。有贤士大夫发五十金，买五人之脰（dòu）而函之，卒与尸合。故今之墓中，全乎为五人也。

嗟乎！大阉之乱，缙绅而能不易其志者，四海之大，有几人欤？而五人生于编伍之间，素不闻诗书之训，激昂大义，蹈死不顾，亦曷故哉？且矫诏纷出，钩党之捕，遍于天下，卒以吾郡之发愤一击，不敢复有株治；大阉亦逡（qūn）巡畏义，非常之谋，难于猝（cù）发。待圣人之出而投缳（huán）道路，不可谓非五人之力也。

喊叫着追赶他。这位大中丞藏在厕所里才得以逃脱。不久，他以苏州人民发动暴乱的罪名向朝廷请示，追究这件事，杀了五个人，他们是颜佩韦、杨念如、马杰、沈扬、周文元，就是现在一起埋葬在墓中的这五个人。

然而，当五个人临刑的时候，神情慷慨自若，呼喊着中丞的名字骂他，谈笑着死去了。砍下的头放在城头上，脸色一点也没改变。有位有名望的人拿出五十两银子，买下五个人的头并用木匣装起来，最终与尸体合到了一起。所以现在墓中是完完整整的五个人。

唉！当魏忠贤作乱的时候，做官的人能够不改变自己志节的，偌大的国家，能有几个人呢？但这五个人生于民间，从来没受过诗书的教诲，却能被大义所激励，踏上死地也不回头，又是什么缘故呢？况且当时假托的皇帝的诏书纷纷传出，追捕同党的人遍于天下，终于因为我们苏州人民的发愤抗击，使阉党不敢再株连治罪；魏忠贤也迟疑不决，畏惧正义，篡夺帝位的阴谋难以立刻发动，直到当今的皇上即位，（魏忠贤畏罪）吊死在路上，不能不说是这五个人的功劳呀。

由此看来，那么如今这些

由是观之，则今之高爵显位，一旦抵罪，或脱身以逃，不能容于远近，而又有剪发杜门，佯狂不知所之者，其辱人贱行，视五人之死，轻重固何如哉？是以蓼洲周公，忠义暴（pù）于朝廷，赠谥（shì）美显，荣于身后；而五人亦得以加其土封，列其姓名于大堤之上，凡四方之士，无有不过而拜且泣者，斯固百世之遇也。不然，令五人者保其首领，以老于户牖（yǒu）之下，则尽其天年，人皆得以隶使之，安能屈豪杰之流，扼（è）腕（wàn）墓道，发其志士之悲哉！故予与同社诸君子，哀斯墓之徒有其石也，而为之记，亦以明死生之大，匹夫之有重于社稷也。

贤士大夫者，冏（jiǒng）卿因之吴公，太史文起文公、孟长姚公也。

高官显贵，一旦犯罪受罚，有的脱身逃走，不能被远近各地所容纳；也有剪发为僧，闭门不出，或假装疯狂不知逃到何处的，他们那可耻的人格，卑贱的行为，比起这五个人的死来，轻重的差别到底怎么样呢？因此周蓼洲先生的忠义显露在朝廷，赠给他的谥号美好而光荣，在死后享受到荣耀；而这五个人也能够修建一座大坟墓，在大堤之上立碑刻名，所有四方的有志之士经过这里没有不跪拜流泪的，这实在是百代难得的际遇啊。不这样的话，假使让这五个人保全性命在家中一直生活到老，尽享天年，人人都能够像奴仆一样使唤他们，又怎么能让豪杰们屈身下拜，在墓道上扼腕惋惜，抒发他们有志之士的悲叹呢？所以我和我们同社的诸位先生，惋惜这墓前空有一块石碑，就为它作了这篇碑记，也用以说明死生意义的重大，（即使）一个普通老百姓对于国家也有重要的作用啊。

几位有声望的士大夫是：太仆卿吴因之先生，太史文起先生，姚孟长先生。

文言积累

【文化小常识】

复社

十七世纪由江南地区的几个文人社团合并而成，成员遍布全国。成员或在朝为官，或为一时名士。明末清初许多重大事件多与其成员有密切关系。

中国文人结社古已有之，复社堪称中国古代文人结社的巅峰。可是在明末虽声势浩大，但正史少有详细记载。复社存世大约十五年，是继东林党之后的又一个影响巨大的士大夫社团。随明朝灭亡而解体。

复社高举"兴复古学"的旗帜，以反对阉党，抨击时政为宗旨。

复社团结了一大批有为而有责任感的青年知识分子，而明末清初有影响的思想家也大多参加了这个组织。比如黄宗羲、顾炎武、夏允彝、吴伟业、冒辟疆等。

【汉字小课堂】

义（義）

会意字。《说文解字》：義，己之威仪也。从我羊。据甲骨文分析，表示刀锯屠宰牛羊以祭祀。《说文》的释义也应该是引申而来。因为杀牲以祭祀，是古代理应不可废的大事，由此引申为"正当公正合宜的道理或举动",这一引申义成为一般辞典释义中的本义。"见义勇为""义不容辞"都是这种释义。"合乎正义或公益"也就成了它的另一种引申义,比如"五人义举"中的"义"。人与人之间的情谊当然是合宜的,所以"情谊"也成了引申义,比如"忘恩负义"中的"义"。又引申为"名义上的",比如"义子"。也指"人工制造的"("假的"),比如"义肢"。

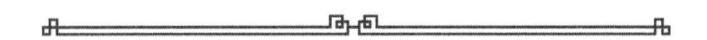

【实词加油站】

视五人之死,轻重固何如哉?

"视"的本义就是"看"。《说文解字》里讲:视,瞻也。由这个意思引申为"观察",比如《曹刿论战》"下视其辙"的"视"。"看"还引申为"看待、对待",比如"一视同仁""等闲视之"中的"视"。"看"有一特别引申义,出现在古汉语"视事"一词中,这个词是指古代官员到任开始处理事务,其中,"视"就是"处理、治理"的意思。

以上义项,不能解释例句中的"视",因为上下文对死有轻重的比较。这也是"视"非常特别的义项:比较、比照。

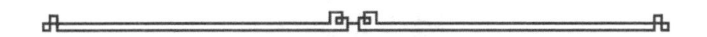

【虚词积累库】

噪而相逐

例句中的"噪"译为"吵嚷","逐"译为"追赶"。但从语法学习来讲,"而"和"相"更有研究的价值。

"相"不能译成"相互",因为原文中是苏州市民追赶"抚吴"的中丞,而"中丞匿于溷藩以免",中丞并没有追赶市民的行为,若有,也不合常理。进一步讲,"逐"(追赶)这一行为是单向的。在这种语言环境中的"相",兼有指代接受动作一方的作用,可以根据具体情况把它翻译成相应的代词。比如曹植诗"相煎何太急"中的"相";《陈涉世家》"苟富贵,毋相忘"中的"相"就可以分别译为"我""你们"。平常语用,也有这种现象,比如"实不相瞒""好言相劝"之类。因此,例句中的"相"根据上下文,释为"他",指毛一鹭。

很明显,在此语境中,"而"是连词,连接两个动词。因此,它具体是什么作用,取决于"噪"和"逐"的关系。根据上下文看,"噪"应该是"逐"的状态。所以,此处的"而"应该是表示修饰关系的连词。

【句式精讲堂】

谁为哀者?

这个例句中的"为"字,读音不同,作用和释义就不同。

读"wéi",作动词,是最主要的用法。生活当中,含这种用法的

"为"的词语俯拾即是。比如：为所欲为、无所作为、好为人师、大有可为……

放在例句中，例句就翻译成：谁是悲哀的人？好像没有问题，但是放在上下文中，问题就来了："哭声震动天地"，可见众人都在哭，"缇骑"难道看不见吗？而且后文有"众不能堪"。为什么问了"谁是悲哀的人"大家就受不了呢？就像问"谁哭？"被问者就受不了，是不是很奇怪？

读wèi，作介词用，这种情况也很普遍。比如"为人民服务""为虎作伥""为丛驱雀"……例句也就可翻译成：为谁悲哀？当然就是典型的倒装句，介词宾语被前置。这样处理是不是就有点质问威胁的意味了？因此例句中的"为"读wèi比读wéi使得表达效果更好一些。

当然，在这种辨析中我们也要看到语句中的其他词语会随之变化用法。比如例句中的"者"。"为"读wéi时，它是代词；"为"读wèi时，它是助词。补充一点，究竟是用作代词，还是用作不同用法的助词，古今语法有所差异，我们能看出它们的不同就好，不必在词性术语上纠缠。

文本解读

这篇文章是一首对"义举"的赞歌。

题目中的"记"是指文体，泛指叙事、写人、绘景、状物的散文。"记"中的"碑记"一般要叙述人物籍贯、生平等信息。但这篇文章主人公的情况特殊，作者也主要是为这个特别事件中的义举而写，所以本文叙事简约，侧重议论。

文章开篇从大处着手，叙说为五烈士写碑记的缘由。

接着叙述斗争和牺牲的过程。作者通过"富贵之子，慷慨得志之徒"和"五人"的对比，提出为什么有人"死而湮没不足道""草野之无闻"，而有人"皦皦"的问题？答案其实就是"义"。

接下来一段又转回记叙，叙周顺昌被捕后，"吾社之行为士先者，为之声义"，众人"哭声震动天地"，"抶而仆之""噪而相逐"，而严重者，五人"按诛"。

五人临刑不惧，"意气扬扬""谈笑以死"，形象光辉。而"贤士大夫发五十金，买五人之脰而函之"亦是义举。

古文中的"嗟乎"后，往往就要展开议论。阐明五人牺牲的影响和意义。其中也用对比。比较"缙绅"与五人，谈人贵守义，死得其所。而人们一旦奋发一心，则生出摧枯拉朽的力量。魏阉不就"待圣人之出而投缳道路"了吗？

接下来"由是观之"一段，作者进一步阐明"匹夫之有重于社稷"的道理。五烈士之死，重于泰山。

文章最后一段点出贤士大夫的姓名，也就是主持墓葬的人。与第一段中"请于当道"的"郡之贤士大夫"呼应。这也是对贤士大夫们的肯定与赞扬。

叙事有重点，议论有根据，褒贬鲜明，道理严正，情感充沛。